Mídias Sociais... e agora?

Mídias Sociais... e agora?

O que você precisa saber para implementar um projeto de mídias sociais

Carolina Frazon Terra

1ª edição – 2011

Copyright © 2011 Difusão Editora e Editora Senac Rio.
Todos os direitos reservados.

Proibida a reprodução, mesmo que parcial, por qualquer meio e processo, sem a prévia autorização escrita da Difusão Editora e da Editora Senac Rio.

ISBN	978-85-7808-114-0
Código	MIDIT5E1I1
Editoras	Michelle Fernandes Aranha e Elvira Cardoso
Coordenação editorial	Gabriela Feitoza Torres e Genilda Ferreira Murta
Assistente editorial	Leandro Tavares
Revisão e edição de texto	Cláudia Amorim
Capa	William Santana (Farol)
Projeto gráfico e editoração	Farol Editorial e Design

Dados Internacionais de Catalogação na Publicação (CIP)
(Câmara Brasileira do Livro, SP, Brasil)

Terra, Carolina Frazon
Mídias Sociais... e agora? : O que você precisa saber para implementar um projeto de mídias sociais / Carolina Frazon Terra. -- 1. ed. São Caetano do Sul, SP : Difusão Editora; Rio de Janeiro: Editora Senac Rio, 2011.

Bibliografia.
ISBN 978-85-7808-114-0

1. Blogs (Internet) 2. Comunicação digital 3. Comunicação Organizacional 4. Meios de comunicação 5. Relações públicas I. Título. II. Título: o que você precisa saber para implementar um projeto de mídias sociais.

11-13521   CDD-658.45
Índices para catálogo sistemático:

1. Mídias sociais : Internet : Comunicação organizacional : Administração de empresas
658.45

Impresso no Brasil em dezembro de 2011

SISTEMA FECOMÉRCIO-RJ
SENAC RIO
Presidente do Conselho Regional: Orlando Diniz
Diretor do Senac Rio: Julio Pedro
Conselho Editorial: Julio Pedro, Eduardo Diniz, Vania Carvalho, Wilma Freitas, Manuel Vieira e Elvira Cardoso

Editora Senac Rio
Rua Marquês de Abrantes, 99/2º andar – Flamengo
CEP 22230-060 – Rio de Janeiro – RJ
comercial.editora@rj.senac.br – editora@rj.senac.br
www.rj.senac.br/editora

Difusão Editora
Rua José Paolone, 72 – Santa Paula – São Caetano do Sul, SP – CEP 09521-
difusao@difusaoeditora.com.br – www.difusaoeditora.com.br
Fone/fax: (11) 4227-9400

Sumário

Agradecimentos 7

Prefácio 9

Introdução 13

Capítulo 1 A evolução da comunicação das organizações em tempos de internet 15

Capítulo 2 Como a comunicação organizacional trata o usuário-mídia 41

Capítulo 3 Usuário-mídia 67

Capítulo 4 Planejamento de comunicação aplicado às mídias sociais.................................... 77

Capítulo 5 Matriz de presença e engajamento 89

Considerações finais 101

Referências bibliográficas.................... 107

Apêndice.. 115

Agradecimentos

Grande é a minha lista de agradecimentos, o que faz com que eu seja uma pessoa de sorte, ajudada e apoiada por muitos!

Em primeiro lugar, não há como não destacar a família que tenho. A meus pais, Nina e Eugenio, aos meus irmãos, Amanda e Thiago, e aos meus avós, tios e primos queridos, o meu muito obrigada. Sem vocês, nada disso faria sentido ou teria graça.

Não posso deixar de mencionar o meu queridíssimo Diogo Favaretto, a quem devo a felicidade do companheirismo, da paciência e do apoio incondicional. Há momentos em que fraquejamos e somos surpreendidos pelo amor de algumas pessoas especiais. Você certamente é uma delas.

Aos meus amigos, devo os meus muitos momentos de felicidade, sorrisos no rosto e abraços confortantes, em especial à querida e sempre presente Cynthia Polzer.

À Beth Saad, agradeço a orientação, a amizade e o carinho com que trata as pessoas, sempre de forma simpática e atenciosa. Obrigada por compartilhar seu imenso conhecimento com todos e, principalmente, por ser essa pessoa simples, humilde e querida.

Agradecimentos

Ao Mauro Segura, um dos gurus das mídias sociais e da inovação corporativa, agradeço ter aceitado o convite de escrever o texto de quarta capa e dividir comigo a sua sabedoria.

Aos meus colegas de trabalho, obrigada pelo apoio, pelo convívio e pelas experiências.

Às empresas participantes da pesquisa deste livro, agradeço a atenção e as contribuições.

Um trabalho, ainda que individual, carrega consigo o suporte das várias pessoas que nos cercam; por isso, só tenho a agradecer aos que me rodeiam.

Prefácio

O uso das mídias sociais por empresas de qualquer porte ou segmento tem sido a bola da vez das ações de comunicação e relacionamento empreendidas nesses tempos recentes. Ter uma (ou muitas...) identidades no Twitter ou uma *fanpage* no Facebook parece ser o mantra comunicativo de marcas e personagens que querem apresentar-se como atualizados e integrados ao mundo das redes digitais ou, simplificando, conectados à internet.

Todo um mundo de possibilidades de relacionamentos se abre para a área de comunicação corporativa e, no outro lado do balcão, para as agências interativas ou digitais que vislumbram a horda de clientes potenciais preocupados apenas com o imediatismo do *Return on investment* (ROI) ou com a "viralização" de campanhas nas mídias sociais.

O livro de Carolina Frazon Terra – *Mídias Sociais... e agora?* – vem em boa hora, esclarecendo e demonstrando que a combinação mídias sociais – comunicação nas organizações – relacionamento com *stakeholders* é fruto de um novo e diferenciado paradigma

Prefácio

comunicacional, no qual planejamento, resiliência e perspectivas de retorno em médio e longo prazos são as palavras de ordem.

Tudo muito diferente das velhas propostas de comunicação unidirecional, nas quais a empresa controla a mensagem e o público, e mais diferente ainda da práxis a que assistimos hoje, na qual predominam métricas quantitativas e impactos de curta vida.

Carolina Frazon Terra faz, neste livro, um estudo em profundidade e de extrema seriedade para apresentar, ao campo da comunicação organizacional e a todos os envolvidos no dia a dia do mercado, como integrar as plataformas de mídias sociais ao processo de comunicação contemporâneo.

Fruto de sua tese de doutorado na Escola de Comunicações e Artes da Universidade de São Paulo (ECA-USP), que tive a honra de orientar, *Mídias Sociais... e agora?* se propõe, numa linguagem acessível e prática, esclarecer aos leitores que mídias sociais nas empresas são viáveis e geram retornos desde que decorrentes de um processo de planejamento estratégico e de uma visão de comunicação integrada, na qual os meios digitais são parte de um cenário multiplataforma.

Para que o leitor mergulhe de forma segura no mundo das mídias sociais e da comunicação nas empresas, Carolina propõe uma viagem de conhecimentos e informações que parte de uma visão amplificada do *status* da comunicação contemporânea, ao criar escalas naqueles aspectos que embasam o tema: planejamento estratégico, o conceito de rede social, as plataformas de mídias sociais, os usos dessas plataformas nos planos de comunicação das empresas e os impactos desse processo na imagem corporativa, no renovado conceito de reputação e na integração do tradicional receptor passivo de mensagens hoje transformado em ativo usuário-mídia.

As figuras-chave deste livro são o usuário-mídia e o panorama de como ele é entendido pelas empresas contemporâneas.

Mídias Sociais... e agora?

O leitor poderá encontrar um instrutivo levantamento de pesquisas nacionais e internacionais que demonstram a importância desse público que hoje se manifesta e se posiciona de forma autônoma diante de determinada marca, de um processo de intervenção social ou de uma campanha, usando a web como meio de expressão e agregação. O leitor também terá uma visão das plataformas e dos modos por meio dos quais esse usuário-mídia se comunica com as empresas.

Com base nesse cenário, *Mídias Sociais... e agora?* traz dois instrumentos de grande utilidade para o comunicador corporativo: um roteiro de planejamento para estruturar e implementar as mídias sociais na estratégia de comunicação e a matriz de posicionamento e engajamento da organização no mundo das mídias sociais, a qual resulta em uma régua comparativa de avaliação da empresa.

Carolina Frazon Terra, neste seu segundo livro, amplia sua capacidade de fazer as pontes entre um trabalho acadêmico e sua aplicabilidade imediata e inovadora na prática. Certamente, a leitura de *Mídias Sociais... e agora?* irá contribuir para a consolidação do uso da comunicação digital pelo mercado de um modo muito mais eficaz. Recomendo a leitura!

*Beth Saad**
São Paulo, outubro de 2011

---

* Profª. Dra. Elizabeth Saad Corrêa é estrategista digital, palestrante e professora titular da ECA-USP nas áreas de Comunicação Digital e Jornalismo Digital, orientadora do Programa de Pós-graduação em Ciências da Comunicação e coordenadora da especialização *lato sensu* (Digicorp).

Introdução

As mídias sociais já fazem parte de nossas discussões diárias e interferem no dia a dia de nosso trabalho, sobretudo em comunicação, marketing e áreas afins. Assim sendo, este livro pretende ser um guia prático sobre como agir diante desse cenário complexo e cheio de possibilidades e oportunidades no campo das organizações.

Não temos a pretensão de revisar toda a literatura científica e/ou acadêmica disponível sobre o tema, mas, sim, de trazer autores, profissionais, casos práticos e dicas sobre como lidar com esse consumidor cada vez mais social, com mais possibilidades de expressão e empoderado pela internet.

Os públicos-alvo da publicação são os profissionais e estudantes de Comunicação, Marketing, Publicidade, Jornalismo e outros que trabalhem de alguma forma com o ambiente digital e precisem entender quais formatos, estratégias e métricas se adaptam melhor à sua organização, a seu cliente, à sua personalidade etc.

Introdução

A missão é oferecer conceitos e ideias que instrumentalizem o leitor com uma visão e um raciocínio estratégicos da comunicação em mídias sociais para que consiga desenvolver ações práticas a partir daí.

O livro está dividido de forma a contar um pouco da evolução da comunicação em tempos de internet até os moldes digitais que vivenciamos hoje. Também nos preocupamos em sempre correlacionar a comunicação das organizações ao mundo das redes. Trazemos exemplos de políticas ou condutas corporativas no ambiente das mídias sociais e propomos uma diretriz. Conceituamos o consumidor que se manifesta, se expressa e afeta as organizações: o usuário-mídia. Explicamos como deve ser o planejamento comunicacional aplicado a ações dessa natureza, bem como apresentamos indicadores e métricas adequados à avaliação (nesse ponto, propomos uma matriz de presença e engajamento da organização com seus públicos e uma régua de posicionamento). Por fim, terminamos com dicas sobre o que deve conter um relatório que vise mostrar o sucesso e a eficácia de ações de mídia social.

As mídias sociais estão em constante evolução e mudança, mas a essência que se extrai disso é a comunicação em mão dupla, a possibilidade de interação, participação e colaboração de diversas vozes, a capacidade de resposta e retorno e a oportunidade de estabelecermos de fato relacionamentos e diálogos com os públicos aos quais visamos, e isso independe de ferramental.

Boa leitura!

Capítulo 1

A evolução da comunicação das organizações em tempos de internet

As empresas de hoje têm de ser abertas e transparentes, criando canais de comunicação com a sociedade e prestando contas a ela. Precisam, sobretudo, ter em vista os públicos estratégicos, considerando que um público indireto hoje pode ser um público prioritário amanhã.

A comunicação organizacional se aplica ao cuidar não só do relacionamento puro e simples, mas também da admi-

Capítulo 1 – A evolução da comunicação das organizações em tempos de internet

nistração estratégica da comunicação com os públicos, resguardando seus interesses e se empenhando para atingir o ápice da troca entre a organização e estes, preocupando-se com o equilíbrio e a harmonização nas relações.

A organização não pode nem consegue mais ficar restrita ao que se publica sobre ela nos meios de comunicação clássicos, uma vez que se tem atualmente uma multiplicidade de canais disponíveis, incluindo-se aí as redes sociais (*on* e *off-line*) e a diversidade de públicos, não necessariamente – ou apenas – clientes e funcionários. Também não basta o que a própria organização diga sobre si mesma. A reputação é cada vez mais terceirizada nas percepções que os públicos têm e expressam por meio de diversas ferramentas tanto *on-line* quanto *off-line*.

A internet evidencia a trajetória e a reputação das organizações, o que acarreta cobrança frequente e cuidados redobrados com a imagem corporativa, visto que por um simples mecanismo de busca é possível verificar o que uma organização diz sobre si própria e o que dizem dela.

Por comunicação organizacional entendemos todo o espectro das atividades comunicacionais, apresentando maior amplitude e aplicando-se a qualquer tipo de organização – pública, privada, sem fins lucrativos, ONGs, fundações etc., não se restringindo ao âmbito empresarial privado. Para se relacionar com o universo de públicos voltados à empresa, a comunicação deve ser integrada em um *mix* comunicacional, contemplando a comunicação institucional, mercadológica, interna e administrativa, conforme Figura 1, a seguir.

Figura 1 – Composto da comunicação integrada

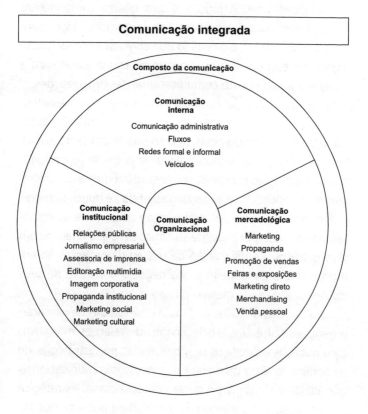

Fonte: Kunsch (2003, p.151).

A comunicação eficiente envolve, portanto, um composto comunicacional que compreende a comunicação institucio-

Capítulo 1 – A evolução da comunicação das organizações em tempos de internet

nal, a comunicação mercadológica, a comunicação interna e a administrativa. A junção desses quatro componentes forma a comunicação organizacional integrada. Esse, para Saad Corrêa (2003), é o cenário que engloba a comunicação digital nas empresas, a qual ocorre de forma estratégica e integrada ao composto comunicacional nas organizações.

A comunicação organizacional tem por objetivo analisar tendências, prever suas consequências, assessorar a direção, assim como estabelecer programas de ação que sirvam tanto aos interesses da empresa ou instituição, quanto aos de seus acionistas, suas entidades bancárias, seu pessoal interno, seus clientes, seus fornecedores, suas organizações oficiais e outros públicos.

É trabalho da área de comunicação corporativa a promoção da empresa por meio de sua imagem e sua relação com seus públicos e a divulgação da missão da organização em tudo o que diga respeito a seu negócio por meio de seus discursos, atos e até mesmo omissões.

Para Barichello (2009, p. 338), a essência da comunicação organizacional é o estabelecimento de relações interativas com públicos específicos proporcionadas por estratégias de comunicação. Está centrada nos processos comunicacionais que incluem desde a proposta comunicacional estratégica da organização e o trânsito das mensagens por suportes midiáticos até a interpretação subjetiva dos diferentes públicos.

Nosso objetivo neste livro é entender como a comunicação organizacional se apropria das mídias sociais e como todo esse cenário exerce impacto na percepção que as pessoas têm

Mídias Sociais... e agora?

acerca de dada organização, produto, ideia ou serviço. Além disso, é nosso intuito também que, com esta publicação, o leitor seja capaz de estruturar um projeto de mídias sociais.

Para chegarmos à comunicação organizacional digital, é preciso que conceituemos o termo.

Comunicação digital

A comunicação digital e seus conteúdos, que ocorrem exclusivamente no ambiente tecnológico e utilizam ferramentas colaborativas, promovem trocas, interações e relações de sociabilidade dentro de um contexto social existente e, algumas vezes, determinante.

A comunicação digital interativa se vale da ruptura de duas variáveis clássicas de toda a comunicação: o tempo e o espaço. Na rede, a distância física e o tempo são elásticos e, por isso, a comunicação nesse ambiente é policrônica e multidirecional. Entretanto, o ato de estar presente na rede, conectado, é condição *sine qua non* para a configuração do ato comunicacional digital.

Saad Corrêa (2008, p. 315) enumera sete características da comunicação digital: presença ubíqua, estabelecimento de conversações como meio de troca social, uso de formas expressivas imagéticas, configuração de processos de produção cada vez mais integradores, simetria das comunicações, conversações participativas e integração midiático-informa-

Capítulo 1 – A evolução da comunicação das organizações em tempos de internet

tiva. São elementos comuns à comunicação digital, segundo Saad Corrêa (2008, p. 316): conversações, trocas, interações entre usuários conectados à rede, equilíbrio ou simetria dessas conversações, o que permite a todos o mesmo nível de participação e uma transformação estrutural e processual dos núcleos de produção de conteúdo para a rede.

Saad Corrêa (2009b, p. 324) revela que alguns autores já apontam para a constituição de uma teoria de comunicação digital pelo fato de as tecnologias da informação e da comunicação e da internet serem espaços de mediação que acomodam diferentes modalidades comunicativas. E cita Paveloski:

> A teoria da comunicação visa oferecer referenciais úteis para analisar muito mais os efeitos do que a forma como a internet se organizou enquanto suporte em algumas outras áreas do conhecimento, das quais escolhemos, entre tantas, as que seguem: a) teoria da informação; b) teoria da comunicação (já citada); e c) cibernética.

Atualmente é possível dizer, até mesmo, que a relação entre comunicação e tecnologia é indissolúvel, irreversível e não passível de ser negligenciada, o que coloca o comunicador contemporâneo em constante exercício de correlação entre as Tecnologias da Informação e da Comunicação (TICs) e a tradicional arte de comunicar.

A comunicação digital, com seu potencial de geração de fluxos informativos e multidirecionais, faz com que as relações sociais se desverticalizem nos diferentes ambien-

Mídias Sociais... e agora?

tes, sobretudo nas empresas, daí a importância de estudarmos os impactos da ambiência digital na sociedade e no mundo corporativo.

A comunicação organizacional digital exige integração e ações coordenadas de áreas como tecnologia da informação, desenvolvimento e treinamento de pessoas, os diferentes negócios em seus níveis operacionais e a comunicação corporativa.

Saad Corrêa (2009b, p. 333) resume o que significa construir uma estratégia de comunicação digital integrada ao plano global de comunicação organizacional: representar a cultura, os propósitos e os públicos nas ambiências digitais; estabelecer um processo comunicacional fundamentado em hipermedialidade, interatividade e multimedialidade; oferecer tudo isso por meio de um *grid* de sistemas e ferramentas específicos para o contexto digital.

Em tempos de tecnologias e ferramentas da Web 2.0, a comunicação em redes sociais presume mais simetria entre emissores e receptores e constante troca de papéis entre eles, além da aceitação de diálogos, conversações e colaborações. Tudo isso obriga a organização a se posicionar estrategicamente em termos de comunicação, primando por uma comunicação *on-line* e *off-line* sistematizada, e sabendo que suas ações terão desdobramentos (podendo ser alvo de manifestações de usuários, consumidores, *stakeholders* em geral) no meio físico ou digital. Basta ter acesso às comunidades em *sites* de relacionamento ou aos *microblogs* para provar a tese citada.

Capítulo 1 – A evolução da comunicação das organizações em tempos de internet

Comunicação organizacional digital

Seguindo a evolução da comunicação de massa, passando dos meios impressos aos eletrônicos e, mais recentemente, aos digitais, a comunicação organizacional incorpora uma vasta lista de ferramentas que vão da *intranet* à televisão via satélite, agora a televisão digital, aos *blogs*, *microblogs*, *chats*, *podcasts*, entre outras. A soma desse ferramental digital que informa, treina e motiva públicos ligados à organização é o que se denomina comunicação organizacional digital.

Uma das características mais evidentes da comunicação digital é a possibilidade de interação e *feedback*. Chamamos esses dois atributos de comunicação simétrica ou assimétrica de mão dupla.

Saad Corrêa (2003, p.107) considera que o primeiro elemento para formatar a comunicação digital organizacional é a cultura da corporação e a relação desta com a inovação, a tecnologia, o uso de computadores e de *internet*, entre outros. Em segundo lugar, estão os públicos estratégicos da organização: quem são e quais são as afinidades com o ambiente digital. A autora explica que um "fale conosco", disponível na página web da empresa, só será eficaz se a comunidade usar intensamente a mídia digital, pois, caso contrário, uma linha telefônica ou um balcão de atendimento presencial talvez seja o ideal. O terceiro passo é combinar a cultura com as características dos públicos para se estruturar o conteúdo das mensagens comunicacionais, inclusive as de cunho institucional.

Mídias Sociais... e agora?

Por fim, a última etapa corresponde à construção da estratégia de comunicação digital, que inclui determinar quais ferramentas serão utilizadas: e-mail marketing, fóruns, *website*, intranets, portais corporativos, ferramentas de busca, transações multimídia, *blogs*, *podcasts*, mensagens instantâneas etc.

Não se pode falar de comunicação digital nas organizações sem compreender e conhecer o plano estratégico de comunicação global. Reduzir a comunicação a um *site* institucional, a perfis em redes sociais ou aos e-mails de comunicação interna é inadequado e simplista.

Como necessitam de agilidade nas comunicações com seus mais diversos públicos, as organizações estão enxergando na comunicação digital uma alternativa para o diálogo. No entanto, vale reforçar que não se pode posicionar a comunicação digital sem uma visão de seu planejamento integrado e alinhado à estratégia global da organização.

É possível dizer que, antes do advento das TICs, o foco da comunicação organizacional girava em torno de assessoria de imprensa, relações públicas e publicidade. Hoje, a comunicação integrada em diversas mídias (sobretudo digitais) complementa o tradicional tripé imprensa-relações públicas-publicidade, além de ganhar "vozes" de usuários comuns. O que antes era restrito a alguns grupos com poder de divulgação e difusão de informações hoje divide espaço com internautas comuns empoderados pelo arsenal de ferramentas colaborativas.

Além da presença institucional na internet, mensuração, análise da percepção da imagem organizacional e um plano

Capítulo 1 – A evolução da comunicação das organizações em tempos de internet

de relacionamento nas mídias sociais integram o *mix* de comunicação das organizações.

Contemplar os canais de comunicação em que o usuário é o maior responsável pelo conteúdo pode ser uma fonte de informação e de confiabilidade para as organizações. É também a oportunidade para a organização se relacionar com públicos sem intermediários, de colocar em prática a comunicação bilateral em um processo de constante e permanente interação. A seguir, é apresentado um exemplo hipotético do que acontece com as marcas que não têm boa experiência, reputação ou imagem perante seus públicos:

> Alguém está falando mal de sua empresa neste momento. Em segundos, essa pessoa vai mandar o comentário para outra, que vai inseri-lo num *blog* e, em pouco tempo, surgirá uma comunidade no Orkut a respeito desse mesmo tema. Em minutos, a reputação de sua marca na lista dos dez mais clicados do Google estará ameaçada para todo o sempre (MAIA, 2008a, p. 1).

Afora o determinismo da citação anterior, as redes sociais *on-line* deixaram de servir apenas ao entretenimento de adolescentes para serem cada vez mais usadas pelas empresas como ferramenta de relacionamento.

Don Peppers (apud CHEROBINO, 2008), um dos maiores especialistas em *Customer Relationship Management* (CRM), reforça que é necessário entender a natureza de evolução das redes e como se comportam as pessoas com maior poder de influência: os formadores ou influenciadores *on-line*, a quem chamamos de "usuário mídia" e descrevemos no

Mídias Sociais... e agora?

Capítulo 3 (página 67). Os gestores organizacionais precisam entender e se informar para aproveitar o momento de fusão das grandes tendências que estão alterando radicalmente o panorama das relações entre corporações e seus clientes.

O estudo "State of blogosphere" (2008), conduzido pelo Instituto Technorati sobre o estado da blogosfera norte--americana, destacou que oito em cada dez autores de *blog* produzem com frequência conteúdos que citam marcas (para o bem ou para o mal).

Resultados proveitosos para formadores de opinião e corporações vêm do envolvimento genuíno e participativo de representantes organizacionais nos diálogos *on-line*. Estamos mudando da tradicional pirâmide de influência (de cima para baixo) para um paradigma mais fluido e de uma direção, colaborativo e horizontal, em que as marcas e as reputações corporativas são construídas tentando engajar múltiplos *stakeholders*[1] por meio de diálogo contínuo.

O sucesso dos *blogs* e das mídias sociais, em igual, se deve, muitas vezes, à falta de confiança nas instituições e à preferência por uma fonte pessoal de confiança com potencial de alterar percepções e mercados.

O estudo "Public relations: communications in the age of personal media"[2] faz um comparativo entre o modelo estabelecido e o emergente para a prática das relações públicas que

---

1 Grupos de interesse ligados às organizações.
2 Relações públicas: comunicações na era da mídia pessoal, tradução livre. Estudo feito por Edelman e Technorati (2006).

Capítulo 1 – A evolução da comunicação das organizações em tempos de internet

se aplica totalmente ao modelo de comunicações sem mediadores que vivenciamos hoje em virtude das mídias sociais.

Quadro 1 – Comparativo entre modelos atuais e emergentes

Aproximação estabelecida	Modelo emergente
Modelo "empurra": envio de *press release* para a imprensa para atingir o máximo possível da audiência. *Follow-up* para conseguir entrevistas. Na maioria dos casos, os e-mails são deletados pelos jornalistas.	**Caminhando para o modelo "puxe" (solicitado)**: uso de *feeds* RSS para que *blog*ueiros, jornalistas e outros clientes recebam informações de interesse.
Mensagens controladas: preparar porta-vozes para todas as questões e ter posicionamento rígido.	**Conversação**: interação contínua e conversações de acordo com as necessidades dos *stakeholders*.
Voz autoritária e cínica em crises: centralização no contato com a mídia.	**Engajar em níveis múltiplos**: ser transparente com todos os níveis organizacionais.
Elites são informadas primeiro: depois é que consumidores, funcionários e mídia local são avisados.	**Empoderar funcionários e permitir cocriação dos consumidores**
Falar para – e não com – a audiência: comunicação de mão única.	**Paradoxo da transparência**: informar com transparência mesmo em momentos de crise.

Mídias Sociais... e agora?

Aproximação estabelecida	Modelo emergente
Cauda de cachorro: relações públicas são apenas um suporte a marketing, ao administrar as relações com a mídia para que a propaganda realize o seu trabalho.	**Sentar-se sobre a mesa:** relações públicas como disciplina de gerenciamento de construção de relacionamentos entre companhias e seus *stakeholders*.
Companhia sabe melhor: é a melhor fonte de informações.	**Sabedoria das multidões:** *stakeholders* colaboram com ou sem os *inputs* dados pelas organizações. A oportunidade para empresas é ouvir, aprender e participar.

Fonte: Edelman; Technorati (2006, p. 9).

O Quadro 1 nos mostra que o modelo de relações públicas que se praticava há anos sofreu alterações significativas, tornando-se mais transparente, mais preocupado com os públicos de ligação da organização e mais dialógico, mesmo porque não há alternativa para as organizações atuais. Estas se veem completamente "nuas" diante da sociedade, da opinião pública e seus públicos. A internet é uma poderosa arma para o usuário-mídia se expressar e expor as fraquezas e deficiências das organizações. Vale ressaltar, no entanto, que os modelos citados convivem e que há ainda organizações que os utilizam de forma híbrida, uma vez que ninguém faz parte de um ou outro completamente.

Capítulo 1 – A evolução da comunicação das organizações em tempos de internet

As formas de aproximação e contato da área de comunicação corporativa mudam do *pitch*[3] para a participação, cooperação, colaboração, para a troca de ideias em tempo real. Se as companhias de relações públicas continuarem no modelo de mensagens controladas em vez de investirem em relacionamentos honestos e engajados de longo prazo, tenderão à desconfiança por parte de seus públicos.

Há muita discussão sobre como as comunidades ou ferramentas derivadas da Web 2.0 devem ser monitoradas em favor das organizações. Muitas empresas já fazem uso de serviços de acompanhamento disponíveis no mercado. Outras preferem realizar o trabalho internamente e há um terceiro grupo que monitora, mensura e age sobre os resultados. É preciso preocupar-se com a imagem organizacional na rede, visto que a web não só ampliou a repercussão dos problemas com a reputação de uma empresa, mas também diversificou os riscos.

A manutenção da reputação *on-line* envolve dois aspectos: a proteção da imagem em si e a monitoração constante dos consumidores na internet. Um trabalho de posicionamento da marca na rede necessita de objetivos claros e que sinalizem como o usuário de internet deve vê-la ou associar-se a ela. Lembrando-se sempre de que a organização deixa de ter total controle sobre si, dividindo isso com os seus públicos.

---

3 Método persuasivo que visa convencer o formador de opinião a publicar a ideia "vendida" pelo profissional de relações públicas.

Mídias Sociais... e agora?

Não se pode negar a mudança de paradigma acarretada com a internet, uma vez que as marcas eram, até então, entidades preservadas em uma grande estrutura de proteção, controle e atenção em torno de prejuízos à imagem e à reputação. As corporações mantinham ou ainda mantêm setores inteiros de contenção de crises de relações públicas e de assessoria jurídica para minimizar problemas na imagem de seus produtos ou de sua própria marca.

No entanto, não basta que a empresa disponha de meios legais e assessorias de comunicação a seu favor. As organizações não podem evitar que o contingente de usuários na web ressignifique, reestilize, satirize ou ovacione sua marca, seus produtos ou seus serviços na rede:

> Hoje, o número de internautas é muito maior e as empresas temem que os clientes assumam o controle sobre a marca, como em um tipo de "aquisição hostil" em termos de mercado (USER-GENERATED CONTENT, Meio Digital, 2007).

Tais possibilidades de ação do internauta ganham expressividade com as ferramentas de mídia social e podem ser nomeadas de megafones da era digital, pelo poder que é conferido ao usuário e que não pode ser negligenciado pelas organizações. A dinâmica de funcionamento das lojas *on-line*, por exemplo, contempla a opinião do consumidor acerca do produto adquirido. Se o comentário for bom, ajuda a endossar o produto; se for ruim, deve ser encarado como oportunidade de melhoria pela

Capítulo 1 – A evolução da comunicação das organizações em tempos de internet

organização. Esse papel de coleta, análise e filtragem das opiniões dos usuários passa a ser tarefa do profissional de comunicação, ao orientar futuras ações em direção aos públicos ligados à empresa.

Coutinho (2008, p. 3) ressalta que o grande risco para as empresas, ao se aproximarem de uma comunidade, vem de uma mentalidade de "controle", ou seja, da percepção desse novo espaço das redes sociais como um ambiente a ser conquistado e pautado pela comunicação tradicional. Coutinho faz um paralelo dessa tentativa de controle com a invenção da prensa tipográfica. Durante quinhentos anos, a Igreja detinha o poder de produção e circulação de ideias por meio de seus monges copistas e padres nas paróquias. Com a chegada da prensa, a reprodução de livros ficou facilitada e a Igreja tentou controlá-la, criando listas de livros proibidos. Como não conseguiu, mais tarde viu que teria de adotar o novo meio para tentar manter a hegemonia. O mesmo deve acontecer com empresas, comunicação e redes sociais. Não há como controlar o discurso, mas, sim, como estabelecer um diálogo, usando as redes.

O salgadinho Doritos (www.crashthesuperbowl.com), produzido nos Estados Unidos pela Frito Lay, motivou uma campanha, durante o campeonato de futebol americano, SuperBowl, que atraiu mais de mil participantes. A mecânica consistia em enviar vídeos para a marca. O melhor seria assistido durante os intervalos dos jogos, no horário de maior audiência da televisão norte-americana.

Mídias Sociais... e agora?

Um caso de tomada de rédeas do consumidor brasileiro responde pelo nome de Reclame Aqui,[4] um *site* que registra reclamações sobre marcas, produtos e serviços. Nele é mantido um *ranking* das organizações que mais sofrem reclamação, das que mais respondem e das que menos dão retorno aos usuários reclamantes. Como bem classificou o artigo da publicação *Meio Digital*, o *site* é uma espécie de "bolsa de imagem" de empresas e marcas.

Um novo modelo de comunicação deve pressupor:

- que as comunicações são diretas;
- que todo consumidor tem o poder de amplificar conteúdos, opiniões e experiências;
- que pessoas compram confiança e histórias contadas pelos fabricantes;
- velocidade: a internet criou novas expectativas; a organização deve se organizar em torno de velocidade;
- o movimento da cauda longa;
- conexão entre pessoas;
- que as grandes ideias são os produtos, não os anúncios;
- que, para ser interessante à audiência, é preciso fazer parte da tribo, criar comunidade;
- que a empresa é, em seu setor, uma líder que deve conduzir as pessoas ao movimento.

---

4 Disponível em http://www.reclameaqui.com.br.

Capítulo 1 – A evolução da comunicação das organizações em tempos de internet

O conteúdo gerado pelo usuário nas resenhas que produz em *sites* de comércio eletrônico, nos *blogs* e *microblogs* passa a ser mídia essencial na reputação de marcas, produtos e serviços, além de motor de estímulo do boca a boca. E o trabalho de garimpo das informações, de análise, proposição de planos de ação e mensuração são atribuições do profissional que trabalha com mídias sociais.

Outro serviço que foi potencializado ou teve de se modificar em virtude do advento das mídias sociais foi o serviço de atendimento ao cliente. O Reclame Aqui, por exemplo, registra cerca de 600 mil visitas por mês, tem mais de 8,8 mil empresas e 360 mil usuários cadastrados.

O papel da empresa é servir como *background*, isto é, como um conjunto de contextos e referências, conectando seus colaboradores (empregados, acionistas, consumidores) de maneira mais profunda, permanente, sólida e confiante, diferentemente de fazê-los apenas acreditar em um mero discurso ou cultura empresarial.

Um aspecto fundamental e que garante perenidade às organizações, além de suas receitas, é a reputação, conceito que discutiremos a seguir.

Reputação empresarial

A reputação organizacional, um dos maiores ativos da empresa, é formada pela identidade pela imagem em con-

Mídias Sociais... e agora?

junto com outros aspectos. No coração da ação coletiva está a reputação, cujo sistema, há muito tempo, tem sido fundamental para a vida social. Nas sociedades ou comunidades pequenas, todos se conhecem, sabem em quem podem confiar, quem é importante e quem decide quem é importante.

Argenti (2006, p. 98) explica que a estrutura da reputação pode ser entendida como a soma das percepções que os públicos têm da identidade (nomes, marcas, símbolos, autorrepresentações) e das imagens projetadas perante clientes, comunidade, investidores e funcionários.

Sobre reputação, Rosa (2006, p. 123) sintetiza que esta

> (...) não garante a escolha, mas a ausência dela pode servir como passaporte ao desastre. Por isso, é tão importante lutar pela reputação, defendê-la, protegê-la, olhar o impacto que as inúmeras estratégias e iniciativas que tomamos terá sobre ela.

Há quem defenda a tese de que 70% da marca são construídos com base no que se fala sobre ela, seus produtos e serviços. Apenas 30% caberiam à voz oficial e a suas promessas de valor.

É preferível ter uma comunidade oficial de determinada marca ou participar das existentes, das criadas pelo consumidor? Depende de quão admirada é a empresa ou a marca e do quanto elas têm de problemas relacionados a atendimento, pois pode-se correr o risco de ver tal comunidade como um fórum de reclamações contra a empresa.

Capítulo 1 – A evolução da comunicação das organizações em tempos de internet

No entanto, ter uma comunidade oficial ajuda a disseminar mensagens das organizações nas redes sociais *on-line*, a se posicionar bem nos motores de busca, a promover o diálogo e a personificar a marca. Fato é que ao menos a observação e o monitoramento são válidos para ambos os casos descritos.

Construir uma reputação é criar uma imagem na percepção do público.

É algo muito mais amplo, complexo e mesmo subjetivo do que empregar "modernas" técnicas de comunicação, propaganda ou relações públicas. Muitas vezes, é essa percepção que está faltando àqueles responsáveis por conduzir uma imagem na nova esfera pública que acabou de surgir (ROSA, p. 134-135).

A imagem, portanto, depende da percepção. Esta, por sua vez, está ligada aos valores associados à imagem. Esse é um exercício permanente, já que não são conceitos estanques, mas, muito pelo contrário, são móveis.

A identidade pode ser entendida como a organização é de fato, pois se configura historicamente e se expressa na cultura organizacional, a qual pode ser entendida por suas políticas e processos, seus colaboradores, suas redes formais e informais, suas relações de poder, suas formas de socialização, seu espaço de trabalho e os símbolos (programa de identidade visual). A identidadade reflete-se na imagem; é a consequência daquilo que somos, expomos, expressamos.

Mídias Sociais... e agora?

Outro autor que trabalha o conceito de imagem organizacional é Villafañe (1999); ele destaca que esta depende dos públicos e da multiplicidade de ações organizacionais; portanto, no quesito imagem, o protagonista é o público e não apenas a organização. A imagem corporativa é para esse mesmo autor a integração dos *inputs* emitidos pela organização na mente dos públicos e que são derivados do comportamento, da cultura e da personalidade corporativa.

Apesar de não ser passível de total controle, é provável que a organização ajude no direcionamento do que pensam os seus públicos sobre ela, por meio de comportamento. Srour (2003) afirma que as decisões empresariais não são inócuas ou isentas de consequências; pelo contrário, carregam poder de irradiação e, por isso, afetam os públicos relacionados à organização.

Outro conceito que nos interessa aqui é o de percepção, a qual é captada pelos sentidos sensoriais. A informação tem papel de destaque nesse processo de captação, pois, quanto maior a riqueza de informações percebidas, maior será a possibilidade de registro e processamento posterior destas.

Argenti (2006, p. 97) destaca as diferenças entre imagem e reputação corporativas:

> Reputação se diferencia da imagem por ser construída ao longo do tempo e por não ser simplesmente uma percepção em um determinado período. Diferencia-se da identidade porque é um produto tanto de públicos internos quanto externos, enquanto a identidade é construída por

Capítulo 1 – A evolução da comunicação das organizações em tempos de internet

elementos internos (a própria empresa). Além disso, (...) a reputação está baseada na percepção de todos os públicos.

Em redes sociais *on-line*, as relações existentes entre os atores sociais ocorrem pelas conexões e redes estabelecidas entre seus membros. Nos *sites* de comércio eletrônico como eBay, MercadoLivre, Amazon, Buscapé, o consumidor é também o produtor daquilo que consome. O valor desse mercado cresce quanto mais gente participa dele e as opiniões dos usuários dão a medida necessária para as transações e para os mercados "florescerem" no ciberespaço.

Nassar (2008, p. 26) acredita que, "para a empresa criar imagem, identidade e reputação num ambiente de rede e legitimar as suas intenções e ações, é preciso criar diálogo". E a empresa perdeu a centralidade, a primazia do discurso. Ela já não é a única produtora de conteúdo no processo comunicacional. Todos os agentes envolvidos têm capacidade de produzir conteúdo.

Nassar chama a atenção para os conceitos de imagem, identidade e reputação, que não são fabricados dentro da empresa, na sala da comunicação ou da alta direção. Tais conceitos são construídos na relação na rede. As organizações que querem se engajar nesse ambiente devem estabelecer diálogo, legitimar suas intenções e ações e não apenas realizar campanhas publicitárias e programas de relações públicas unidirecionais.

Para finalizar a questão, concluímos que a reputação das organizações cresce em evidência, uma vez que nossa sociedade possibilita a rápida difusão da informação, além de

Mídias Sociais... e agora?

esse elemento ser também um diferencial competitivo, alvo de conquista e retenção de consumidores, bem como ativo na proteção contra as crises.

Reputação *on-line* e gerenciamento de imagem

A reputação pode ser construída com base no tipo de informação que divulgamos em nossos perfis, comunidades, *blogs*, *microblogs* etc. Por isso, ela é terreno fértil para organizações, celebridades e artistas que veem na rede uma possibilidade de construção de conceitos, imagem e reputação.

Recuero (2009a, p. 110) reforça que "redes sociais na internet são extremamente efetivas para a construção de reputação".

As expressões sociais (conversações, interações), sejam elas individuais ou organizacionais, encontram na rede um campo de registro, ficando gravadas nesse ambiente. Isso não ocorre, por sua vez, com a linguagem oral, que se perde no espaço.

Recuero (2009a, p. 164) resume bem a importância do estudo das redes sociais:

> Compreender essas redes é essencial, portanto, para compreender também a apropriação da internet como ferramenta de organização social e informação contemporânea. É essencial para compreender os novos valores construídos, os fluxos de informação divididos e as mobilizações que emergem no ciberespaço.

Capítulo 1 – A evolução da comunicação das organizações em tempos de internet

Isso ocorre hoje, pois as iniciativas de mídia social têm muito menos compromisso com o que escrevem do que os meios de comunicação de massa, que seguem normas éticas para proteger a privacidade das pessoas. Assim, alguém que não seja muito querido pode ter imagem e reputação abaladas na rede. Além disso, a velocidade com que uma informação se espalha no mundo *on-line* é maior que no *off-line*.

Ugarte (2008, p. 57-60) defende que, antes de estimular nos usuários da rede o modelo de ciberativismo em que se vislumbra a adesão a uma campanha, é preciso clareza e acessibilidade à informação e, para isso, planejar-se com uma documentação que contemple todos os argumentos a favor da e contra a postura; convencer as pessoas a aderirem à causa; escolher os destinatários da ação, mostrando-lhes que o movimento conjunto de todos pode levar a mudanças contextuais; desenhar ferramentas que permitam às pessoas reproduzi-las em suas redes sociais sem mediação de ninguém; dar visibilidade à situação, por meio de números da campanha, contadores de acesso, mostrando aos participantes que cada um contribui para os resultados que culminam em ações coletivas sem intermediários.

O processo de comunicação vem sofrendo uma evolução no modo como ela se mostra aos outros. As conversações migraram do telefone para o e-mail e deste para os comunicadores instantâneos e, agora, para as redes sociais, ou seja, estão se tornando cada vez mais públicas e menos particulares.

Mídias Sociais... e agora?

Assim como a arquitetura física de um ambiente pode nos estimular à interação e à comunicação, as redes sociais *on-line* são espaços especialmente construídos com essa finalidade.

Temos, por fim, um novo modelo para profissionais de comunicação com base na comunicação direta: ouça o consumidor com seus "amplificadores"; pessoas compram histórias sobre produtos e, portanto, é tarefa da empresa contá-las; organize a empresa para as novas expectativas geradas pela internet; aproveite a cauda longa; conecte as pessoas umas às outras; seja parte da tribo; lidere as pessoas. As mídias sociais não são o lugar de interferência exclusiva das grandes marcas, que, por sua vez, devem criar movimentos e histórias para que as pessoas as comentem.

Capítulo 2

Como a comunicação organizacional trata o usuário-mídia[5]

"As pessoas não acreditam mais em propagandas. Elas acreditam em outras pessoas" (COUTINHO, apud RODRIGUES; ARRAIS, 2008).

A tecnologia da informação invadiu o espaço da atividade de comunicação e modificou a relação entre comunicadores e público. O poder de comunicar, antes restrito aos grandes

---
5 Definiremos esse conceito no capítulo Usuário-mídia.

Capítulo 2 – Como a comunicação organizacional trata o usuário-mídia

grupos de mídia e aos conglomerados corporativos, passa a estar também nas mãos do público.

Coutinho (2007) explica:

> (...) Na maior parte do século XX, somente as grandes empresas tinham o capital necessário para contratar os recursos materiais e humanos destinados a produzir e divulgar o "discurso" sobre suas marcas, bem como "controlar" (às vezes até mesmo recorrendo a mecanismos judiciais) a interpretação dos consumidores sobre esse discurso. Tudo indica que já na segunda década do século XXI elas deixarão de exercer esse monopólio, assim como a invenção da prensa acabou com o controle da Igreja Católica sobre a produção e circulação de ideias na Europa. A história de como os profissionais de comunicação, pesquisa e publicidade, juntamente com os consumidores, irão responder a esse novo cenário será tão fascinante quanto a evolução do marketing desde quando Henry Ford proclamou que "todo mundo pode ter um Ford, desde que seja preto".

Coutinho (2009b) delimita o mercado em duas facetas, a econômica e a social, e reforça que, nesta última, as marcas sempre tiveram dificuldade de entrar. Por causa das redes sociais *on-line*, as marcas que aproveitarem esses espaços conseguirão gerar ressonâncias e lealdades duradouras, mas não basta estar presente, é preciso envolver-se com seus públicos de interesse.

No ClueTrain manifesto,[6] o ambiente colaborativo não é necessariamente visto como um espaço de negócios. É, em primeiro, um lugar em que todos os participantes são au-

---

6 Disponível em http://www.cluetrain.com/portuguese/index.html. Acesso em 10/7/2009.

Mídias Sociais... e agora?

diência uns para os outros. Ao contrário da conformidade imposta pelos meios tradicionais, a internet deu uma nova legitimidade e liberdade de expressão às pessoas.

As mídias sociais podem ser fonte de informações para as empresas levantarem suposições, testarem-nas, confirmando-as ou não. Há casos em que as organizações criam perfis nas redes sociais justamente para entender o que se passa nesses ambientes e para demonstrar que são parte do dia a dia do usuário. A Catho, empresa de recolocação profissional, administra, além dos canais tradicionais de comunicação, veículos que utilizam os conceitos de interatividade, participação e colaboração das redes sociais *on-line*, como o CathoBlog (www.blog.catho.com.br); canal no Youtube (www.youtube.com/user/cathonoticias); canal no Twitter (www.twitter.com/cathoon-line); e Wikipédia (pt.wikipedia.org/wiki/catho).

Uma alternativa para as organizações se relacionarem com os usuários-mídia é por meio de agências. O papel de uma agência de comunicação em redes digitais é criar um canal entre organizações e as redes sociais, pautando-se sempre pela comunicação bidirecional. Para que isso ocorra é necessário: conhecer a fundo o segmento ou negócio em que se vai o tirar; estabelecer um relacionamento de credibilidade e transparência com os *hubs*,[7] monitorar as mídias

---

7 *Hubs* ou conectores seriam os nós/concentradores de tráfego e de ligações que tenderiam a receber sempre mais conexões. Em linhas gerais, são indivíduos com mais conexões que a média do grupo, em todas as redes. São também esses conectores os responsáveis pela disseminação das informações.

Capítulo 2 – Como a comunicação organizacional trata o usuário-mídia

sociais como o termômetro da empresa e, por fim, criar, implementar e mensurar ações.

As discussões que envolvem marcas, produtos e serviços estão em pauta e atingem audiências da web, contribuindo para influenciá-las nos juízos de valor e nas decisões de compra. Tem-se aí um terreno de trabalho para a comunicação organizacional com os usuários-mídia.

Coutinho (2007) aponta quatro aspectos importantes para o sucesso das marcas nas redes sociais *on-line*: necessidade de comunicação constante e relevante; possibilidade de múltiplas interações; existência de mecanismos para identificar e estimular o surgimento de "líderes comunitários"; e tempo. Outro fator crucial é a liberdade de expressão dos usuários nesses ambientes.

As empresas descobriram a eficácia dessa mídia social e a estão utilizando para estreitar o relacionamento com o consumidor final. Contudo, ainda não há fórmula pronta que auxilie essa tarefa. Nas grandes organizações, as mídias sociais podem ajudar nos processos de colaboração com parceiros, clientes e empregados. Programas que tornem a corporação conversacional podem ser usados para compartilhamento de conhecimento, treinamento e diálogos existentes. Alguns clientes comandam comunidades que podem servir de aprendizado para as organizações.

A Deloitte, por meio do estudo "Mídias sociais nas empresas"), de 2010, produziu uma pesquisa que teve como objetivo determinar o grau de maturidade das organizações brasileiras em virtude da expansão das mídias sociais. O es-

Mídias Sociais... e agora?

tudo contou com a participação de 302 organizações que atuam no Brasil, sendo 63% delas do estado de São Paulo. Em relação ao tamanho das empresas participantes, pouco mais de 50% eram de pequeno porte; 26%, de médio porte; e 22%, de grande porte. O estudo demonstrou, por meio de um diagrama, a perda de controle das organizações diante do processo de geração e disseminação da informação. A figura a seguir também destaca a importância das ferramentas de uso do usuário-mídia como as propulsoras da informação.

Figura 2 – O fluxo da informação em tempos de redes sociais *on-line*

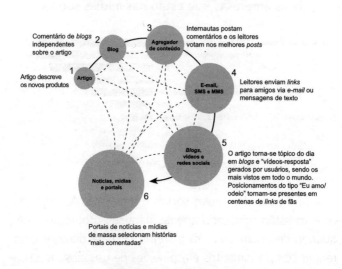

Fonte: Deloitte (2010, p. 5).

Capítulo 2 – Como a comunicação organizacional trata o usuário-mídia

Em relação à adoção das mídias sociais, a pesquisa revelou que cerca de 70% das organizações brasileiras participantes do estudo entraram nessa nova tendência e utilizam e/ou monitoram o que se passa nesses ambientes.

Quando questionadas sobre a finalidade de uso das mídias sociais, as empresas apontaram ações de marketing e divulgação de produtos/serviços (83%) e monitoramento da marca ou do mercado (71%). Também destacaram divulgação de notícias, diálogo e troca de experiências, relações com investidores e relacionamento com clientes.

Figura 3 – Ferramentas mais utilizadas pelas empresas que estão nas mídias sociais

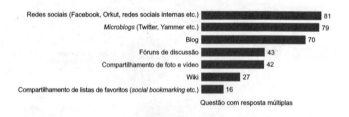

Questão com resposta múltiplas

Fonte: Deloitte (2010, p. 8).

A finalidade das mídias sociais é o diálogo. As organizações as estão utilizando apenas para se autopromoverem, quando deveriam usar tais plataformas para dialogar e entender comportamentos e aspirações de usuários interessados em suas marcas.

Mídias Sociais... e agora?

Entre os fatores preponderantes para as empresas utilizarem ou monitorarem as mídias sociais, estão (ver figura 4): a busca por um ou mais benefícios pretendidos (54%); repercussão dada pela imprensa e nas próprias mídias sociais sobre o tema (35%); reclamações sobre a empresa por clientes, nas mídias sociais (8%); e uso por concorrentes, ou seja, a interação com os usuários é pouco praticada ou quase negligenciada. Utilizar os usuários-mídia nem aparece. As empresas criam canais/perfis, mas pouco se interessam pela interação genuína.

Figura 4 – Fatores preponderantes para as empresas utilizarem ou monitorarem as mídias sociais

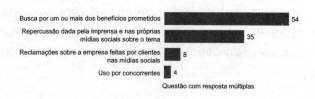

Fonte: Deloitte (2010, p. 8).

Pouco é o interesse em se relacionar de fato, sendo a maior preocupação a visibilidade. Outra consideração da pesquisa é que as organizações brasileiras pouco utilizam as mídias sociais como pilar estratégico para seus negócios, conforme a Figura 5.

Figura 5 – Porcentagem das ações em mídias sociais que despertam interesse

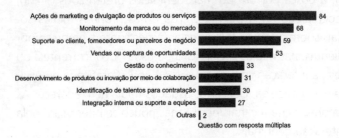

Fonte: Deloitte (2010, p. 17).

Quanto ao investimento anual feito pelas organizações nas mídias sociais, 80% destinam até R$ 50 mil; 10%, de R$ 51 mil a 100 mil; 4%, de R$ 101 mil a 200 mil; e 6%, acima de R$ 200 mil. Se olharmos os montantes destinados à propaganda/publicidade, tais números se mostram irrisórios.

Figura 6 – Porcentagem de investimento anual das empresas em mídias sociais

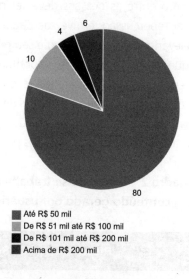

Fonte: Deloitte (2010, p. 11).

Para atuar nesse ambiente das redes sociais, é preciso pensar na personalidade da marca, em como ela deveria agir caso fosse participante desse diálogo: que tipos de aplicativos fariam sucesso nas redes, quais músicas elas ouviriam ou sugeririam, que *bookmarks*[8] teriam, a que vídeos assistiriam ou quais recomendariam e assim por diante. A chave para usar as mídias

---

8 São marcações, listas de favoritos que cada usuário tem. Existem sites em que é possível compartilhar tais indicações.

sociais está em ter o que dizer e planejar como fazê-lo. A ferramenta em si é secundária, pois o contexto muda o tempo todo.

O engajamento entre as pessoas deve ser natural. Se o anunciante quer repercussão, em vez de pagar, o melhor a fazer é algo relevante para aquele *blog* e seu público, criando situações que gerem repercussões espontâneas (convite para eventos, envio de produtos para testes, conversas etc.).

Muniz (2008) aponta os principais pontos de atenção, riscos e possíveis soluções para as organizações que desejam adentrar a seara dos conteúdos produzidos por usuários.

Quadro 2 – Riscos de se trabalhar com conteúdo gerado por usuário

Pontos de atenção	Risco	Solução
Direitos autorais – conteúdo inserido por terceiros podem violar direitos de imagem.	Violação dos direitos autorais; pagamento de indenização.	Termo de autorização e originalidade de conteúdo.
Conteúdo ofensivo – xingamento, racismo, pedofilia, tráfico de drogas.	Processo criminal, fechamento das operações.	Criar um mecanismo de denúncia de conteúdo impróprio.

Mídias Sociais... e agora?

Pontos de atenção	Risco	Solução
Como controlar conteúdo publicado no *site*?	Perda de controle no conteúdo do *site* ao crescer muito e delegar a terceiros tal produção.	Instituir mediadores para monitorar o conteúdo e contar com mecanismos de denúncias da própria comunidade.
Como atestar a qualidade e a autenticidade do conteúdo?	Conteúdo de baixa qualidade.	Criar sistema de reputação dos usuários.
Mudança de foco: de editores para mediadores.	Muita informação irrelevante.	Criar sistema de pontuação de conteúdo, *rankings*, classificações, votações.

Fonte: Baseado em Muniz (2008).

Para lidar com o conteúdo gerado pelo usuário a respeito das organizações, devemos pensar em diálogo e relacionamento.

1. Levar as organizações a investirem em porta-vozes da marca, gente de "carne e osso" e não apenas representantes corporativos anônimos, já que o contato pessoa a pessoa é mais eficiente que pessoa-empresa.
2. Criar ambientes colaborativos em que os usuários (sejam eles funcionários, clientes ou simpatizantes da marca) possam se manifestar.
3. Conhecer os perfis e as preferências dos consumidores de sua marca, pois quanto mais informações, melhor a interação.
4. Apostar em um nicho de mercado, oferecer informações relevantes, que prestem serviço ao usuário.
5. Criar mecanismos de potencialização do boca a boca e contar com o poder da viral dos conteúdos na rede.

Para não parecer censor, é preciso também atentar a algumas abordagens que não devem ser feitas: solicitar ao provedor de hospedagem que remova um *blog*, vídeo ou outra iniciativa; não usar *software*s automatizados para se "relacionar" com as pessoas, pois isso pode depor contra a organização; deixar de responder às questões dos internautas, pois em pouco tempo a empresa pode parar no topo dos resultados de busca.

Mídias Sociais... e agora?

Para atuar em mídias sociais, as organizações precisam se preocupar com quesitos como simplicidade (basta analisar a facilidade do Youtube para compartilhar vídeos *on-line*), conteúdo interativo, ambientes colaborativos, confiança, atualização e diálogo. As mídias sociais são sobre relacionamentos, construção de redes, debates. Para autopromoção existem às alternativas que não essa.

A empresa precisa dialogar com seus clientes e estar aberta às vozes que vêm de fora. O cliente é tido como uma espécie de coprodutor e a opinião pública cede a vez para o saber público. No ambiente digital, o relacionamento é cada vez mais estreito e direcionado. O conceito de sabedoria das multidões nunca fez tanto sentido, por isso, é preciso mapear os pontos de encontro com o consumidor, na internet, no SAC, nos contatos e naqueles lugares em que a marca não se faz presente, como nos *blogs*, nos *posts*, nas comunidades.

De fato, a gestão dos relacionamentos com o cliente precisa ir além dos canais oficiais oferecidos pela organização aos seus consumidores. É necessário entender a percepção das pessoas em relação a suas marcas, seus produtos, serviços e experiências. Nas redes sociais *on-line* isso se evidencia muito, uma vez que, ao reclamar ou comentar sobre uma organização nesses ambientes, a pessoa o faz publicamente, diferentemente de quando o faz na esfera privativa e individualizada que é o serviço de atendimento ao cliente.

Capítulo 2 – Como a comunicação organizacional trata o usuário-mídia

O estudo global *Faces and networked places* (NIELSEN, 2009, p. 13) reuniu seis recomendações sobre as redes sociais e como devem agir as organizações, como se vê a seguir.

1. Redes sociais são canais de comunicação como televisão, jornal, rádio e telefone. Portanto, trata-se de um canal pelo qual as organizações podem oferecer produtos e serviços ou se comunicar, se engajar e se conectar com seus consumidores.

2. O crescimento das mídias sociais e das opiniões geradas pelos consumidores é a oportunidade para que as organizações expandam suas audiências e seu engajamento nos *sites*.

3. As organizações devem instigar funcionalidades que permitam comunidades e conversações dentro de seus próprios *sites*.

4. Assim como os consumidores adicionam conteúdos às redes sociais, estas oferecem oportunidades de promoção de informações para audiências maiores na web.

5. Há que se pensar que ocorre simultaneidade de consumo das mídias. O uso das redes sociais pode ser complementar às mídias tradicionais.

6. Anunciar nas redes sociais *on-line* significa superar obstáculos como complexidade, criatividade e relevância.

Mídias Sociais... e agora?

Tornar a empresa conversacional é um dos maiores desafios das organizações que se lançam a esses ambientes. Não se trata apenas de um canal de "desova" de mensagens que a companhia escolheu divulgar. Trata-se, também, de ouvir o que é dito por outrem e tomar providências.

Em suma: conheça a sua reputação na web; preveja planos diferentes, pois cada rede é distinta; ouça e não apenas fale; engaje pessoas; meça resultados; e permaneça continuamente assim. É preciso entender primeiro a imagem que os usuários têm da organização para que assim se estabeleça de fato um diálogo, tornando possível planejar, mensurar e ter perenidade e continuidade nas atividades propostas.

Entre os usuários de internet, o consumo de conteúdo digital está consolidado ou em rápido crescimento. O desejo de pertencimento a algo motivante e as necessidades de comunicação e expressão de si são os motivos que sustentam a participação das pessoas nas redes sociais *on-line*. As oportunidades de engajamento nas mídias sociais são maiores e mais profundas que as da mídia tradicional e o poder de amplificação das redes é também mais forte. O engajamento da audiência forma um núcleo (centro ou *hub*) que atrai outros consumidores. Em torno deles gravita uma série de outras pessoas. Tal centro (formadores de opinião *on-line* e *off-line*) atrai outros usuários e ajuda na pulverização dos conteúdos. No entanto, tal conceito pode sugerir controle por parte dos centros que, literalmente, centralizam conteúdos, selecionando-os e filtrando-o. Assim, só são repassados

Capítulo 2 – Como a comunicação organizacional trata o usuário-mídia

aqueles de interesse dos concentradores. Porém, em uma estratégia organizacional que necessite atingir formadores de opinião a respeito de um determinado tema, o caminho parece ser focar nos centros para que estes se encarreguem de disseminar a mensagem obviamente, não pode ser uma ação isolada e, se for, deve esperar resultados menos efetivos que o estabelecimento de um diálogo constante e mais amplo entre organização e formadores de opinião *on-line*.

Para criar um programa de presença corporativa de sucesso nas mídias sociais, elencamos dez passos:

1. Observe o que sua audiência está fazendo nas mídias sociais.
2. Crie um objetivo para a organização que vise à interação genuína com seus usuários.
3. Segmente a audiência em nichos, oferecendo-lhes benefícios concretos para se juntar a tais grupos.
4. Permita o engajamento pelas plataformas que melhor lhe convierem, criando múltiplas interfaces para a sua comunidade.
5. Estimule a experiência do compartilhamento, otimizando seu conteúdo (via *feeds* de notícia, *blogs*, *microblogs*, sites e páginas de relacionamento).
6. Use a mídia social para viralizar, disseminar, difundir.
7. Tire vantagem da segmentação permitida pelas redes sociais.

Mídias Sociais... e agora?

8. Tenha certeza de que há recursos para gerenciar sua comunidade e manter sempre o conteúdo atualizado.
9. Acompanhe os resultados e otimize-os quando necessário.
10. Procure converter resultados em ganhos efetivos para a empresa. Transforme-as ou converta-as em métricas financeiras.

A perda de controle é uma das grandes barreiras para as organizações quando a questão é a internet colaborativa. O domínio daquilo que os usuários colocam na rede é impossível de ser concebido ou controlado. Dependendo do site de rede social, devem ser oferecidas respostas de maneira particular, não invasivas; em determinados sites, a rapidez e o formato do canal demandam resposta pública. É preciso estudar casos e situações que representem os interesses tanto das organizações quanto de seus públicos de interesse.

Para que não se assista a uma migração das reclamações para um espaço público, é necessário repensar os canais tradicionais e oficiais de atendimento ao consumidor. Por outro lado, é preciso preparar os operadores de atendimento ao cliente para interagir nesses novos canais e diante de um consumidor extremamente ativo e exigente, mas, sobretudo, empoderado por instrumentais da Web 2.0.

Capítulo 2 – Como a comunicação organizacional trata o usuário-mídia

Um estudo feito pela Wetpaint e pela Altimeter (2009) destaca os que pontos que as organizações devem ter em mente ao se engajar nas mídias sociais. São eles:

- Engajamento via mídia social é importante e quantificá-vel. Pesquisa feita pelo *site* EngagementdB demonstrou que existe correlação entre engajamento em mídia so-cial e duas métricas financeiras – faturamento e lucro.
- Qualidade deve ser enfatizada e não só quantidade, engajamento e envolvimento com a audiência são fundamentais.
- Para ganhar engajamento em escala, as mídias sociais devem fazer parte do trabalho de todos (sobretudo funcionários).
- Algo deve ser feito em relação à sua marca, ainda que o usuário comum já tenha feito.
- Engajamento real significa total envolvimento nos ca-nais escolhidos.

Saad Corrêa (2003, p.110) finaliza:

Quanto mais integrada a comunicação com os públicos no meio digital, mais complexo o sistema de representação; quanto maior a complexi-dade, maiores as possibilidades de ações de relacionamento eficazes com os públicos.

Mídias Sociais... e agora?

Políticas corporativas

Para tentar controlar pelo menos o que o público interno diz nas redes sociais sobre a organização, muitas corporações optam por estabelecer códigos de conduta ou políticas para as mídias sociais. Trata-se de uma das formas pelas quais a comunicação organizacional busca controlar as expressões ditas sobre as organizações nas mídias sociais.

Em 2008, a Coca-Cola[9] estabeleceu regras internas para uso das mídias sociais e as distribuiu aos funcionários. A política enfatizava a necessidade de transparência e de bom-senso dos empregados ao discutir sobre a organização nos meios *on-line*.

A Votorantim também estimula seus funcionários a se conectarem às mídias sociais, mas com responsabilidade, indicando até mesmo que, primeiro, conheçam as características de cada uma para, depois, optarem. A política também recomenda que o funcionário sempre utilize seus perfis e e-mails pessoais, de forma a não refletir qualquer opinião que o associe à empresa.

A Word of Marketing Association (Womma), uma organização para a indústria de marketing viral e boca a boca, publicou um código de ética[10] em 2005, que reforçava a necessidade de honestidade, opinião e identidade (autoria) por parte das organizações que queriam se relacionar com os seus públicos nes-

---

9 Disponível em http://www.thecoca-colacompany.com/socialmedia/. Acesso em 29/6/2010.

10 Disponível em http://womma.org/ethics/code/. Acesso em 29/6/2010.

ses ambientes. O *astroturfing*, por exemplo, técnica em que um movimento espontâneo e popular é simulado por uma organização, é uma tática proibida e condenada pela Womma.

A IBM[11] foi uma das empresas pioneiras na publicação de normas para atuar nas mídias sociais – *social computing guidelines*. Sua política encoraja que os funcionários se identifiquem e assumam que falam em seus próprios nomes e não no lugar da empresa. A norma proíbe funcionários de referenciar clientes, parceiros e fornecedores sem que estes tenham concordado.

Na introdução do documento, a organização justifica que as interações individuais representam um novo modelo não de comunicação de massa, mas de massas de comunicação. O guia foi elaborado, segundo palavras da IBM, para tomar parte e participar nessa esfera de informação, interação e troca de ideias em duas instâncias: para aprender (como uma empresa baseada em inovação, eles acreditam na livre troca entre a IBM e seus clientes e entre os vários constituintes dos negócios emergentes e do ecossistema social) e para contribuir (a IBM como uma companhia de negócios, inovação e como cidadã corporativa tem contribuições a oferecer ao futuro dos negócios em tecnologia e da sociedade).

Os valores centrais da IBM são confiança e responsabilidade pessoal em todos os relacionamentos. Como organização, ela espera e confia na responsabilidade individual de seus funcionários ao participarem das mídias sociais. Isso in-

---

11 Disponível em http://www.ibm.com/blogs/zz/en/guidelines.html. Acesso em 29/6/2010.

Mídias Sociais... e agora?

clui a não violação da confiança daqueles com os quais estão engajados. As mídias sociais, de acordo com esse guia, não devem ser usadas com propósitos de marketing ou relações públicas, e se funcionários dessas áreas participam das redes sociais *on-line*, que se identifiquem assim.

Uma das preocupações ao se formular o guia foi adicionar valor às conversações, uma vez que a marca IBM é mais bem representada por seus funcionários e por tudo que é publicado sobre ela. Os *blogs* e as redes sociais hospedados nos servidores da IBM devem ser usados para agregar valor ao negócio da empresa.

O grupo farmacêutico Novartis também apoia o uso de mídias sociais pelos colaboradores, desde que o conteúdo agregue valor ao trabalho realizado na empresa e desde que os funcionários ajam com responsabilidade e de acordo com algumas diretrizes. As normas têm como objetivo estabelecer um padrão comum para o uso correto das mídias sociais, tanto por funcionários quanto por terceiros que atuam em nome da empresa.

A empresa de tecnologia Intel[12] também possui um documento que reúne as diretrizes para as mídias sociais, orientando seus funcionários, parceiros e fornecedores. A normativa recomenda que o usuário que quiser se lançar na rede deve se manter em sua área de especialização e fornecer uma perspectiva individual exclusiva sobre o que acontece na Intel e no mundo. A política condena o spam e os comentários não

---

12 Disponível em: http://www.intel.com/sites/sitewide/pt_BR/social-media.htm. Acesso em 5/7/2010.

Capítulo 2 – Como a comunicação organizacional trata o usuário-mídia

respeitosos, que a responsabilidade do conteúdo é sempre do usuário. Por isso, recomenda que se pense antes de realizar qualquer postagem. A norma também solicita respeito a informações e conteúdos proprietários, além da confidencialidade. Quando não concordar com a opinião de outras pessoas, o usuário deve ser educado e conveniente e, sobretudo, conhecer o código de conduta da Intel e sua política de privacidade.

Um dos segmentos mais polêmicos na adoção de políticas de conduta em mídias sociais é a imprensa. Os veículos de mídia[13] procuram cercear a participação de seus funcionários nas mídias sociais para tentar resguardar seus conteúdos e contar com a geração de tráfego única e exclusiva para seus *sites* e ambientes digitais. A ESPN, por exemplo, proíbe que seus jornalistas tenham *blogs* ou *sites* de conteúdo esportivo. O *The Wall Street Journal* recomenda que seus funcionários perguntem ao editor antes de se abrirem para uma agenda pública ou antes de estarem disponíveis na rede, assim como o *The New York Times*. A Rede Globo impede que seus funcionários comentem sobre conteúdos relacionados aos programas, salvo excessões, como o perfil do apresentador Luciano Huck, no Twitter.

Normalmente, tais políticas discorrem sobre o uso profissional das mídias sociais pelo público interno, mas também indicam comportamentos a serem exercidos no campo pessoal.

---

13 Baseamo-nos em http://www.comunique-se.com.br/index.asp?p=Conteudo/News-Show.asp&p2=idnot%3D58717%26Editoria%3D1193%26Op2%3D1%26Op3%3D0%26pid%3D27369400969%26fnt%3Dfntnl. Acesso em 21/5/2011.

Mídias Sociais... e agora?

As normativas incluem responsabilidade pelos conteúdos postados nas redes sociais, transparência e identificação (mostrando o vínculo empregatício), respeito à audiência e conhecimento do código de conduta das organizações. Esse tipo de política responsabiliza o produtor de conteúdo, ao mesmo tempo em que se vale de sua rede de contatos. Normalmente, a idealização dessas normas tem sido atribuída a comitês interdisciplinares dentro das organizações, que envolvem as áreas de recursos humanos, comunicação, marketing, jurídica, segurança da informação por vezes, também a agência responsável pela comunicação em mídias sociais é convidada a opinar.

Hoje, a preocupação e o cuidado com a reputação organizacional nas redes é lugar comum nas empresas dos mais diversos ramos, que já entenderam a relevância que isso tem. Assim, a adoção de políticas de conduta tornou-se um recurso preventivo e até mesmo educacional para elas. A abordagem e o conteúdo desses materiais variam de acordo com o perfil da empresa. Como exemplo, temos a Weg,[14] fabricante brasileira de motores elétricos com atuação internacional, que criou para seus funcionários as "Orientações aos colaboradores sobre a participação em *sites* de mídia social" . O material consiste em regras dispostas em tópicos, as quais representam orientações básicas como "O código de ética

---

14 Disponível em: http://www.weg.net/var/ezflow_site/storage/original/application/2b 9727f64706b65274e6c7e3ab234943.pdf. Acesso em 30/6/2010.

vale na internet", "Seja honesto" e "Obedeça a legislação". Trata-se de proposições básicas para um usuário das redes *on-line*, mas que são muitas vezes esquecidas ou desconsideradas por usuários da internet os quais se consideram desligados da organização quando estão em seus perfis pessoais.

Por outro lado, há ainda as organizações que querem introduzir seu público interno nas redes, estimulando-os a se tornarem parte delas, desde que respeitando a ética, o bom--senso e as políticas corporativas. É o modelo adotado pela Kodak, que, de forma bastante didática, criou o documento "Kodak social media tips"[15] (Dicas Kodak para mídias sociais). Com dados da internet e a das principais redes sociais às quais está integrada, a empresa explica as mídias, desmistifica algumas proposições, oferece dicas de como utilizar e o que dizer, além de levantar questões que apontam a importância de se participar desses *sites* e que levem à reflexão sobre o porquê de se comunicar dessa forma. O documento é encerrado com as políticas adotas pela organização e destina-se também a servir como fonte de informação para seus públicos externos e fornecedores.

Em geral, as normativas desenvolvidas pelas organizações incluem responsabilidade pelos conteúdos postados nas redes sociais; transparência e identificação (mostrando o vínculo empregatício); respeito à audiência e conhecimento do

---

15 Disponível em: http://www.kodak.com/US/images/en/corp/aboutKodak/on-lineToday/Kodak_SocialMediaTips_Aug14.pdf. Acesso em: 29/6/2010.

Mídias Sociais... e agora?

código de conduta das organizações. Esse tipo de política responsabiliza o produtor de conteúdo, ao mesmo tempo em que se vale de sua rede de contatos.

As organizações adotam esses procedimentos para evitar a perda de produtividade de seus funcionários, controlar informações confidenciais que saem dos "muros" internos e proteger a reputação de suas corporações.

Uma política ideal

A comunicação nas organizações exige planejamento e estratégias bem estruturadas, passando as ações em mídias sociais a fazerem parte desse processo. Quanto a estas, o cuidado e a atenção devem ser constantes e ainda maiores, uma vez que a organização passa a não ter controle sobre o que é dito sobre ela por todos os públicos, incluindo o interno.

Considerando os objetivos de relações públicas nas mídias sociais, o (re)posicionamento da marca, o monitoramento ou o relacionamento *on-line* caberá também à organização decidir como quer ser vista e exposta por seu público interno, que inevitavelmente falará sobre ela na rede. O estabelecimento de políticas de condutas e a criação de guias didáticos garantirão não somente a informação, mas a assimilação, aplicação e educação do público interno, de forma a minimizar problemas relacionados à imagem e à reputação institucional, assim como possíveis crises.

Capítulo 2 – Como a comunicação organizacional trata o usuário-mídia

O funcionário é um dos maiores embaixadores ou representantes da marca. A comunicação organizacional tem de estar alinhada, ter mensagens consistentes, de posicionamento e referência, pois o funcionário acessa e participa das redes sociais porque quer. Para que passe a ser um defensor, sem que a organização esteja necessariamente presente, é preciso engajá-lo, mostrar seu papel, dar diretrizes de como ele pode se expor em nome dela.

À parte a questão de como se identificar quando se está atrelado a uma organização, é importante que o funcionário saiba que, muitas vezes, a mídia social é usada como fonte de recrutamento. Existem ferramentas específicas para o aspecto profissional, como o Linkedin, mas há organizações que vasculham nos perfis dos candidatos suas preferências, *hobbies*, associações etc.

Uma política ideal dá diretrizes ao público interno sobre como se identificar, como fazê-lo, o que pode ser dito, dados de caráter exclusivamente interno, quais informações de interesse público, além de destacar que os conteúdos na rede são de responsabilidade de quem os posta. Além disso, um manual desse tipo também indica que, ao se expor a ambientes interativos em nome da organização, o usuário deve certificar-se do conteúdo e fazê-lo somente se for especialista no assunto. Não se trata de impor regras para tudo, mas de orientar sobre como se portar nesses *sites* de redes sociais. Afinal, para muitos espectadores de redes, mais vale a opinião de um usuário comum que a de uma corporação.

Capítulo 3

Usuário-mídia

O objetivo deste capítulo é caracterizar o usuário-mídia e analisar sua proximidade com termos ou conceitos defendidos por autores consagrados no mundo digital. Por isso, iniciaremos com uma definição própria e partiremos para conceituações de tais autores, a fim de reforçar nossa visão sobre o usuário-mídia.

Estamos na era da midiatização dos indivíduos, da possibilidade de usarmos mídias digitais como instrumentos de divulgação, exposição e expressão pessoais; daí o termo usuário-mídia. Cada um de nós pode ser um canal dessa mídia: um produtor, criador, compositor, montador, apresentador, remixador ou apenas um difusor dos próprios conteúdos.

Capítulo 3 – Usuário-mídia

Entendemos que o usuário-mídia é um *heavy user* tanto da internet como das mídias sociais e que produz, compartilha, dissemina conteúdos próprios e de seus pares, bem como os endossa perante suas audiências em *blogs*, *microblogs*, fóruns de discussão *on-line*, comunidades em *sites* de relacionamento, *chats*, entre outros meios. Acreditamos que existam níveis de usuário-mídia: os que apenas consomem conteúdo e os replicam; os que apenas participam com comentários em iniciativas *on-line* de terceiros; e os que de fato produzem conteúdo ativamente.

No ciberespaço, cada sujeito é efetivamente um potencial produtor de informação: serviços colaborativos de informação, comunidades, blogs e microblogs – que vivem o fato e o relatam em suas páginas pessoais (LEMOS, 2008, p.3).

Montardo (2009, p. 4) atribui outra nomenclatura aos usuários-mídia: *produsers* e *prosumers*. Bruns e Jacobs (apud MONTARDO, 2009, p. 4) apontam que os *produsers* definem os "usuários de ambientes colaborativos que se comprometem com conteúdo intercambiável tanto como consumidores quanto como produtores", fazendo o que os mesmos autores classificam como *produsage* (produção ou uso). Já a terminologia *prosumer* foi primeiramente citada por Tofler (1990) e significa consumidor profissional cujo retorno de necessidades, gostos e impressões das organizações culmina no desenvolvimento de novos produtos e serviços. Já os *produsers* afetam diretamente o modo de produção capitalista, interferindo diretamente na reputação e na imagem das corporações.

Mídias Sociais... e agora?

Quando a atividade do usuário nesse ambiente participativo é menos classificada em termos de consumo e mais em termos de produção, o termo adequado, para Dijck (2009, p. 46) é *prosumption* ou *wikinomics*, e suas bases são Leadbeater (2007) e Tapscott & Williams (2006), respectivamente. Além disso, para Dijck (2009, p. 46), com a emergência de *sites* que permitem que o consumidor crie conteúdos, as organizações mudaram a órbita de seus interesses das atividades de consumo para as de produção, dando, ou sendo obrigados a dar, aos usuários mais poder sobre o conteúdo pela adição de valor que isso traria aos negócios.

A pesquisadora Dijck (2009, p. 42) acredita que os usuários sejam referidos como os internautas ativos e contribuidores da internet, aqueles que dedicam certo esforço criativo e o fazem fora de sua rotina ou atividade profissional. Termos como *produser* e cocriadores acabaram por adentrar o cenário acadêmico para explicar o crescimento do poder de geração de conteúdos dos internautas, segundo Bruns (2007).

Benkler (2006, p. 126) classifica esse novo consumidor como sendo aquele usuário mais ativo e produtivo que os consumidores da economia industrial da informação.

O Internet Advertisign Bureau (IAB) afirma que a principal mudança promovida por esse usuário-mídia é a reação das audiências em relação aos conteúdos, alterando a postura em relação à comunicação organizacional, aos conglomerados de mídia e à forma de acessar a informação. Nesse sentido, aponta Montardo (2009, p. 5), o "The Cluetrain

Manifesto" postula 95 teses sobre como o mercado mudou em virtude da capacidade de conversação das pessoas na internet e sobre como a comunicação também deve se alterar por conta disso.

Chris Anderson (2006), autor do *best-seller A cauda longa*, classifica esse usuário-mídia como os novos formadores de preferências por se expressarem nas mais variadas plataformas *on-line* e em sistemas de recomendação e influência.

Um autor que é avesso à produção de conteúdos por internautas é Andrew Keen (2009). Ele acredita que à medida que a mídia convencional tradicional é substituída por uma "imprensa personalizada", a internet torna-se um espelho de nós mesmos e, em vez de buscarmos notícias, informação ou cultura, passamos a utilizá-la para sermos, de fato, tudo isso. Keen ainda chama as mídias sociais de "santuários para o culto da auto transmissão" e de "repositório de nossos desejos e identidades individuais". Apesar de crítico da internet (esta, a seu ver, pode ser um acúmulo de tolices produzidas por narcisistas ansiosos), as afirmativas apresentadas só nos ajudam a demonstrar que realmente temos um usuário que se tornou mídia.

No entanto, Keen (2009) faz um alerta de que público e autor estão se tornando uma coisa só e podemos estar transformando nossa cultura em cacofonia. Ele se refere ao esvaziamento do papel dos especialistas e à emergência dos "palpiteiros da Web" que estão isentos de controle fisca-

Mídias Sociais... e agora?

lização, abrindo-se um território livre para plágio, calúnia, boataria e propaganda.

Ainda assim, apesar do conteúdo que pode ser considerado de baixa qualidade existente na internet, acreditamos que o usuário-mídia, termo que cunhamos para designar o internauta comum que produz conteúdos, tem voz pelas ferramentas colaborativas e interativas da web, interfere na comunicação e na estratégia das organizações.

Prova disso é o estudo feito por Edelman e Technorati (2006) anos atrás e que ainda é válido. O índice de confiança em pessoas comuns como fonte de informação dobrou. A justificativa atribuída pelo estudo é pelo fato de que amigos, família e funcionários são agora considerados os mais importantes e confiáveis porta-vozes, tendo duas vezes mais credibilidade que os presidentes. Richard Edelman (EDELMAN; TECHNORATI, 2006) chama esse padrão de *network of cross influence* (rede de influência cruzada). Trata-se de uma rede dinâmica de troca de informações entre o mundo real e o virtual em que todos os participantes demandam voz. Em outras palavras, aqueles que eram a base da pirâmide de influência possuem agora uma variedade de ferramentas que os permitem compartilhar informações e opiniões *on-line*.

Jenkins (apud DEUZE, 2006, p. 692) argumenta que a simbiose entre como as pessoas produzem e consomem mídia pode ser vista como coexistente. As companhias de mídia estão aprendendo a acelerar o fluxo de conteúdo para expandir as oportunidades de lucro, alcançar mercados de nicho e reforçar o compromisso com suas audiências. Os consumidores, segundo Jenkins, usam diferentes mídias para ter mais controle e para interagir com outros consumidores.

Com a emergência dos aplicativos da Web 2.0, Jenkins (2006, p. 24) vê uma mudança de paradigma na forma como o conteúdo é produzido e circulado/distribuído: "Audiências, empoderadas por essas novas tecnologias, ocupando um espaço na intersecção entre a velha e a nova mídia, estão demandando o direito de participar dentro da cultura." Essas audiências têm essa chance justamente pelas ferramentas quase sempre gratuitas da Web 2.0, que lhes permitem produzir, compartilhar, distribuir conteúdos. O resultado é uma cultura participatória em que o cidadão comum tem a possibilidade de manejar tecnologias que antes eram privilégio das organizações capitalistas e que, segundo Jenkins (2006, p. 215), ainda oferecem ao usuário a possibilidade de negociar seus relacionamentos com as companhias de mídia.

Em resumo, trata-se de um usuário que vai além da comunicação tradicional para se informar, analisa opiniões de outros em *sites* de mídia social, acompanha *rankings* e conteúdos de pessoas desconhecidas e tem expectativas superiores em relação ao meio *on-line*. Produz e/ou compartilha conteúdos e se expressa pelas mídias sociais esperando ser ouvido, atendido ou influenciar outros.

Prova disso são pesquisas, por exemplo, feitas pelo Ibope Inteligência (COUTINHO, 2009) que indicam que as recomen-

Mídias Sociais... e agora?

dações de outros consumidores em *sites* de lojas, *blogs* e comunidades superam a propaganda tradicional em rádio, televisão e jornal para os *heavy users* brasileiros. Os sistemas de recomendação e influência permitidos pelas mídias sociais já se tornam algo que as organizações que querem fidelizar e mesmo vender para seus consumidores não podem negligenciar.

Coutinho (2009) ainda indica que estudos sobre credibilidade realizados nos Estados Unidos e na Europa mostram que, quanto mais intensa a utilização de um meio, maior seu peso na formação de opiniões. Ou seja, se somos o povo que mais horas passa na web, a tendência é que essa mídia venha a se tornar (se já não se tornou para muitos) a fonte de referência e decisão de compra.

Talvez a conclusão a que podemos chegar seja que as organizações têm de estar em determinados ambientes com fins de interação e atendimento, mas não são fonte confiável de informações. Para transformar esse cenário, acreditamos que deva existir uma mudança completa de postura no discurso e na prática das organizações: informações meramente mercadológicas, unidirecionais e com fins apenas de convencimento de compra não têm espaço para o usuário-mídia que aceita as organizações desde que elas estejam dispostas a dialogar realmente.

Coutinho (2009) também acredita que a web seja propulsora dos processos tradicionais de sociabilidade e desenvolvimento de confiança que antes tinham base na mídia de massa ou na interação face a face. Cita um estudo da Universidade da Califórnia que evidencia que a credibilidade da informação encontrada na web depende da exposição a outros tipos de informação. Os meios tradicionais, portanto, dividem importância com as demais mídias no processo de formação de imagem de marca e intenção de compra.

O autor também destaca que antes era "custoso" e difícil para o consumidor encontrar segundas e terceiras opiniões sobre um produto, bem ou serviço que desejava comprar, o que hoje é substituído pela internet. Resta às organizações criarem cenários favoráveis para a formação de opiniões positivas em torno de produtos, ideias e serviços.

Em última instância, a marca é informação sobre uma empresa, produto ou serviço, esse conteúdo é a "moeda" das redes sociais. No médio prazo, não é preciso ser um gênio da matemática para perceber que, se determinada marca não fornece valor para os consumidores nesse espaço, terá de pagar cada vez mais caro para conseguir influenciar a decisão de compra por outros meios (COUTINHO, 2009a).

Em outras palavras, os embaixadores ou advogados da marca podem utilizar o seu capital social para influenciar a decisão de compra dos consumidores que usam redes sociais *on-line*. Assim, elementos como alcance, frequência e lembrança dividem espaço com a capacidade de aumentar o capital social dos consumidores em um contexto midiático cada vez mais importante para os mercados de consumo.

Socialcast é um termo criado para descrever mudanças na maneira como pessoas se comunicam e interagem depois do surgimento da internet e das mídias sociais. O *socialcast* já

Mídias Sociais... e agora?

acontecia antes da internet, pois são necessários apenas pessoas conectadas entre si para que ocorra. Contudo, ganhou novas dimensões com a rede e sua capacidade de expansão. Em suma, podemos definir o *socialcast* como a modalidade comunicativa de muitos para muitos. No entanto, a diferença para a mídia tradicional é que, ainda que não produzam conteúdo, têm ferramentas e possibilidade de fazê-lo, se quiserem.

Aqui se delineia um contraponto à cultura do controle: nessa mídia – web – o usuário tem total condição de produzir seu próprio conteúdo ou escolher as fontes que quer para se informar, entreter ou interagir. Tais fontes não necessariamente estão a serviço dos meios de comunicação tradicionais, podendo ser *blogs*, *microblogs,* páginas ou comunidades inteiramente lideradas por outros usuários comuns. As organizações perdem, portanto, a primazia do controle da informação, passando a dividi-lo com internautas e outros entes.

Capítulo 4

Planejamento de comunicação aplicado às mídias sociais

O ato de planejar é inerente à comunicação e passo fundamental para o êxito de qualquer ação comunicativa. Vale ressaltar que, quanto mais integrada for a comunicação, mais sucesso ela terá perante aos seus públicos de impacto.

Para tanto, listamos as etapas necessárias para a realização de um plano de comunicação voltado às mídias sociais.

1. Tenha objetivos claros a atingir com as mídias sociais.
2. Trace um diagnóstico: um posicionamento da organização e da concorrência nas mídias sociais.
3. Mapeie quem são os *hubs* (concentradores de tráfego de conteúdo e de informações) e o que dizem.
4. Ouça seus clientes e o que as pessoas estão comentando sobre sua marca. Quais são as percepções?
5. Conheça seu cliente, saiba seu perfil, quem são os influenciadores.
6. Seja transparente, fale a verdade, admita erros, dê explicações e busque soluções.
7. Compartilhe informação relevante para o público, torne seu conteúdo fácil de compartilhar, use ferramentas que promovam o conteúdo.
8. Adicione valor à conversa. Pense como um colaborador, alguém que quer contribuir; considere o que é relevante para a comunidade. Não promova seu produto a cada mensagem; as pessoas replicam o conteúdo se este for interessante. Encoraje a discussão e a participação.
9. Seja pessoal: personifique sua marca, responda, reconheça e agradeça. Interaja.

Mídias Sociais... e agora?

10. Elabore um plano de ações para que possa:
    a. participar das conversas;
    b. saber quais mídias sociais escolher;
    c. escolher quem atualiza, responde, interage;
    d. desenvolver políticas de conduta.
11. Estabeleça métricas: como avalio meus objetivos? Que parâmetros são interessantes para o meu negócio?
12. Pense na implementação: treinamentos para equipes internas, cronograma de execução, monitoria constante, *seeding*.[16]

Como avaliações são fundamentais para se provar o êxito e a necessidade de ações futuras de comunicação, falaremos a seguir sobre possíveis métricas para o trabalho de mídias sociais.

Indicadores e métricas

Existem diversas formas de se mensurar ações de mídia social. Há quem acredite que se possa calcular o su-

---

16 Do inglês, semear. É o ato de disseminar conteúdos para formadores de opinião on-line ou para audiências que tenham ou possam ter interesse naquela informação. O resultado esperado é o alastramento da mensagem inicial.

cesso de ações perante os influenciadores *on-line,* ao se contabilizar a:

- Relevância, que é a capacidade de influência do canal ou da pessoa e de *links* cruzados;
- Repercussão, pelos comentários associados uma dada publicação;
- Popularidade, pela quantidade de pessoas que estão engajadas na leitura ou visualização dos conteúdos – textos, vídeos e RSS.

Saad Corrêa (2009, p.11) afirma que nesses ambientes surgem indicadores de valoração das contribuições dos usuários em uma espécie de "statusfera" na qual predominam itens como autoridade, reputação digital e valoração dos influenciadores.

É possível medir a "saúde" da sua marca, bastando que se divida a quantidade de ocorrências (*tweets*, *posts* no Facebook etc.) positivas pelo total de ocorrências. O que se obtém é um número percentual que, acompanhado mensalmente, dirá como a marca está evoluindo.

Mensurar a atividade da marca nas redes em relação às suas concorrentes também se faz importante: basta dividir o total de ocorrências da sua marca pelo total de ocorrências gerais (incluindo as dela e as das suas concorrentes).

O impacto financeiro de determinada ação realizada nas mídias sociais ainda é tema polêmico e discutível. Entretanto,

Mídias Sociais... e agora?

uma forma simplista de se fazer isso é cruzar duas métricas: a repercussão da ação nas redes (incluindo a soma de *tweets* e *posts* relacionados a ela) com o aumento ou a queda no volume de vendas. Se você tiver um histórico de outras ações feitas no passado, por mais recente que seja, terá mesmo uma base comparativa para ajudar na interpretação dos números.

Existem, ainda, ferramentas que calculam o embate entre marcas ou termos de busca como Vitrue (http://vitrue.com/) e Google Fight (http://www.googlefight.com/). O instrumento não é preciso, mas pode ser um indício de popularidade das marcas nas mídias sociais.

Para Chris Lake (apud WILSON, 2009), existem dez formas de se medirem os efeitos de uma campanha de mídia social: tráfego, interação, vendas, oportunidades geradas a partir dali (*leads*), aparição nos motores de busca, métricas de marca, relações públicas, engajamento de clientes, retenção e lucro.

Segundo Carneiro (2009), são considerados indicadores de avaliação dos *sites* de redes sociais: visibilidade (visitantes novos *versus* os que retornam; fontes de tráfego; visitantes únicos; páginas vistas e tempo de permanência *versus* taxa de rejeição, palavras-chave; influência (geografia, idiomas, conexões, perfis e membros); engajamento (frequência de publicação *versus* comentários por *post*, ações com vídeos e *podcasts*, viralização, tom das opiniões, recência, frequência, profundidade das visitas, e-mail direto, assinatura de RSS, conteúdo, buscas internas, *feedback*); geração de conteúdo; motivações; dinâmica.

Capítulo 4 – Planejamento de comunicação aplicado às mídias sociais

Outra maneira de se avaliarem ações na mídia social é algo como o *Return On Insight* (ROI), isto é, o retorno que se tem sobre as percepções dos usuários com base em ações, opiniões e avaliações geradas pelas ferramentas da Web 2.0.

Sobre a avaliação dos *microblogs* corporativos, o guia Twitter 101 (2009) recomenda mensurar a qualidade do engajamento; avaliar a qualidade do retorno e dos tópicos de discussão; manter um arquivo com questões respondidas e problemas resolvidos. Ao realizar ofertas no Twitter, o guia recomenda que se use um código único ou uma página dedicada a isso. Embora o guia seja referente a uma mídia social, o Twitter, as recomendações podem ser estendidas para *blogs*, fóruns, comunidades *on-line*, entre outros. Para ferramentas sobre Twitter, basta uma pesquisa nos motores de busca para se encontrarem infinidades de ferramentas que auxiliam nessa tarefa: http://eunaoseiseo.com.br/ferramentas_seo/ferramentas-para-twitter-e-rede-social.

De acordo com o documento produzido pelo Interactive Advertising Bureau (IAB) intitulado "Social media metrics definitions" (2009, p. 6-7), as métricas gerais para as mídias sociais podem ser resumidas a:

- Visitantes únicos (indivíduos ou navegadores únicos que acessaram um *site* ou aplicativo).
- Custo por visitante único (custo total do ambiente ou aplicativo dividido pelo número de visitantes únicos).

Mídias Sociais... e agora?

- Visitantes únicos (indivíduos ou navegadores únicos que acessaram um *site* ou aplicativo).
- Custo por visitante único (custo total do ambiente ou aplicativo dividido pelo número de visitantes únicos).
- Páginas visitadas (*page views*).
- Visitas (especificamente para o conteúdo gerado pelo usuário, significam um conjunto de atividades atribuíveis a um *cookie* de navegador ou usuário, resultando em um ou mais textos, imagens etc. baixados de um *site*).
- Visitas recorrentes (média de vezes em que um usuário retorna a um *site* ou aplicativo dentro de um período específico de tempo).
- Taxa de interação (proporção de usuários que interagem com um aplicativo).
- Tempo despendido (quantidade de tempo desde o início da visita até a última atividade do usuário no site).
- Instalação de vídeo (quantidade de *players* de vídeo que foram colocados por um usuário para a sua página).
- Ações relevantes: participação em concursos; cupons; jogos executados; vídeos vistos; inclusão de imagens, vídeos etc.; votações; mensagens

> enviadas (boletins, atualizações, e-mails, alertas); convites enviados; itens postados; comentários; adição de amigos; tópicos ou fóruns criados; quantidade de membros de grupos ou fãs; compartilhamentos.

O estudo "Social media metrics" (IAB, 2009, p.7-10) ainda entende que os blogs podem ser mensurados por meio de:

- Tamanho da conversação[17]
  - ✓ Número de *sites* relevantes
  - ✓ Número de *links* relevantes
  - ✓ Amplitude ou alcance da conversação (número de usuários únicos, no período de um mês, envolvidos na conversação)
- Relevância do *site* (densidade da conversação dos *posts* relevantes)
- Credibilidade do autor
  - ✓ Quantidade de *posts* relevantes de conversação no *site*
  - ✓ Quantidade de *links* relevantes de conversação no *site*
  - ✓ Data mais antiga de *post* relevante
  - ✓ Data mais recente de *post* relevante

---

17 Conversações são o conjunto de autores e/ou sites e suas audiências ligados entre si por conteúdo relevante.

Mídias Sociais... e agora?

- ✓ Duração entre a mais antiga e a mais recente postagem
- Conteúdo recente e relevância
  - ✓ Data mais antiga de *post* relevante
  - ✓ Data mais recente de *post* relevante
  - ✓ Intervalo entre as postagens

O mesmo estudo, "Social media metrics" (IAB, 2009, p. 10-11), também elegeu as métricas para *widgets* e aplicativos sociais:

- Instalação de aplicativos.
- Usuários ativos.
- Perfil da audiência.
- Alcance por usuário único (aplicativos ativos por audiência).
- Crescimento.
- Instalação de aplicativos ou de *widgets* nas páginas pessoais ou nos perfis dos usuários.
- Usuários ou *widgets* ativos por período.
- Longevidade ou ciclo de vida (duração).

Há quem prefira calcular o sucesso de iniciativas em mídias sociais pela taxa de dispersão (que se caracteriza pela quantidade de seguidores do emissor e dos perfis que o re-

Capítulo 4 – Planejamento de comunicação aplicado às mídias sociais

plicaram); pela favorabilidade (mensurando a qualidade da percepção da marca nas redes sociais); pela aderência (somando-se o volume de citações da marca em determinado universo); e pela relevância (por meio da análise qualitativa do emissor de citações sobre a marca).

Em resumo, as principais métricas para a monitoração são: volume (número de *posts* publicados com determinado termo); relevância (a densidade de rede de um *blog* permite identificar os *sites* pessoais ou *blogs* mais referenciados por outros consumidores com base no uso de *links*); popularidade (comunidades mais comuns por número de membros, mensuração do interesse crescente ou decrescente sobre a comunidade e/ou assunto); influência (tamanho da rede de amigos dos interlocutores em comunidades); repercussão (número total de comentários associados como res*post*a a tópicos de *sites* de relacionamento ou *posts* de *blogs* quanto mais comentários um *blog* ou tópico tiver, maior é sua repercussão e, consequentemente, maior é o interesse pelo assunto); dispersão (que pode ser calculada pelo boca a boca disperso por cada serviço monitorado).

O estudo "Mídias sociais nas empresas" (Deloitte, 2010, p. 14) aponta que, apesar de quase tudo o que é feito ser rastreável e mensurável, existe o desafio de se converter resultados qualitativos e quantitativos em números quantitativos financeiros. Contudo, podem-se observar resultados antes e depois das mídias sociais, eliminando-se a sazonalidade e as movimentações de mercado. A seguir é apresentado um gráfico explicativo sobre as formas preferidas de mensuração das atividades em ambientes digitais por parte das empresas, segundo a pesquisa anteriormente mencionada.

Figura 7 – Porcentagem das formas de mensuração das iniciativas em mídias sociais

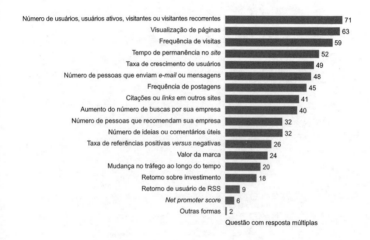

Fonte: Deloitte (2010, p. 14).

Pensando em uma forma de posicionar as organizações nas mídias sociais, criamos uma matriz que avalia não só a quantidade de canais em que estão presentes – eixo da presença – como também o nível de envolvimento com os públicos – eixo do engajamento. Explicaremos o instrumento no capítulo a seguir.

Capítulo 5

Matriz de presença e engajamento

A matriz Presença e Engajamento (PE) avalia as iniciativas das organizações em mídias sociais por meio do eixo da *presença*, mas também analisa se há relacionamento com os usuários-mídia por meio do eixo do *engajamento*.

Trata-se de dois eixos: no x, temos a quantidade de canais em que a organização pode estar presente; no y, temos o nível de envolvimento, portanto de engajamento que esses canais têm com os internautas.

Para pontuarmos o engajamento, quantificamos o número de canais em conjunção com o respectivo nível de engajamento em cada um. As organizações devem receber a com-

Capítulo 5 – Matriz de presença e engajamento

pleta pontuação somente quando fica evidente que a empresa é a responsável pela iniciativa e pela consistente participação. A pontuação foi atribuída de acordo com os níveis de engajamento e presença, conforme a matriz PE. No eixo do nível de engajamento, atribuímos a seguinte pontuação: para postura reativa, um ponto; para intermediária, dois pontos; e para proativa, três pontos. No eixo da presença nas mídias sociais, fizemos o mesmo: para um posicionamento iniciante, contamos um ponto; para uma presença intermediária, dois pontos; e para uma participação avançada, três pontos. Ainda atribuímos um bônus àquelas organizações presentes em mais de oito canais, somando três pontos no total.

As organizações pesquisadas podem ser classificadas neste gráfico criado por nós:[18]

---

18 Reproduzimos o nosso estudo no anexo ao final deste livro.

Mídias Sociais... e agora?

Figura 8 – Matriz de presença e engajamento nas mídias sociais

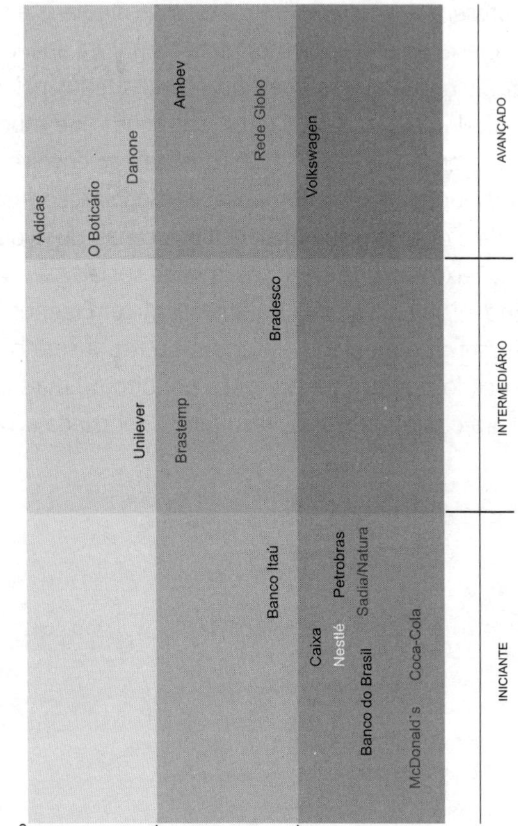

Capítulo 5 – Matriz de presença e engajamento

Para a matriz apresentada, definimos os seguintes critérios para posicionar uma organização: no eixo do engajamento, são três níveis (reativo, intermediário e proativo) e no eixo da presença, mais três (iniciante, intermediária e avançada).

No eixo do engajamento, reativo significa apenas respostas reativas ou nulas aos questionamentos feitos pelos usuários. No nível intermediário, são organizações que esboçam alguma presença nas redes sociais *on-line* e se envolvem em poucos diálogos. Na fase proativa, a organização interage, responde e divulga a sua presença nos canais de mídias sociais.

No eixo da presença nas mídias sociais, ser classificado como iniciante significa estar presente em menos de três canais; ser intermediário, estar em quatro a sete canais; e ser avançado significa ter presença em oito ou mais canais.

Para computarmos os resultados, foi criada a Tabela 1.

Tabela 1 – Resultados da presença e do engajamento nas mídias sociais das empresas pesquisadas

Empresa	Quantidade de canais	Engajamento
Blog		
Comunidades ou perfis oficiais em sites de relacionamento		
Rede social proprietária		
Twitter		
Fóruns de discussão ou chats		
Widgets		
Wiki		
Sites de compartilhamento		
Outros		
Bônus		

Para observar como colocamos os resultados na tabela, veja o Apêndice, especificamente os dois quadros, que são os resultados das observações feitas com as marcas mais valiosas e com as mais influentes.[19]

A grande reflexão que podemos extrair dessa matriz é o que vale mais: estar em uma grande quantidade de *sites* de redes social ou ter poucas, mas boas, iniciativas com alto nível de interação e engajamento? Certamente, estar presente em poucos, mas bons canais é a solução para quem não tem condições de estar em todos os *sites* de rede social. Logicamente, quem pode manter e/ou alimentar diversos canais consegue pulverizar melhor as informações e se relacionar com mais públicos.

Outra possibilidade de análise que percebemos que poderia ser feita seria uma régua de posicionamento da presença da marca nas redes sociais. Entendemos que as organizações e suas presenças possam ser também classificadas como iniciantes, intermediárias ou avançadas, de acordo com a pontuação que se pode atingir com a resposta às questões a seguir, sendo 46 pontos o total máximo a ser atingido. Para isso, criamos as questões e as pontuações de forma a classificá-las quanto a seguir total de pontos atingidos.

---

19 Utilizamos os resultados dos *rankings* (marcas mais valiosas e marcas mais influentes) divulgados pela revista *Época*.

Mídias Sociais... e agora?

1. Presente corporativamente em quantas redes?
   a. De 1 a 3 ferramentas, somam-se 2 pontos.
   b. De 4 a 6 ferramentas, somam-se 3 pontos.
   c. Acima de 7, somam-se 5 pontos.
2. Possui *blog* ou outra ferramenta interativa? (5)
3. Monitora as redes sociais? (5)
4. Tem ou teve alguma ação *on-line* (sem contar publicidade)? (3)
5. Já convidou ou teve contato alguma vez com formadores de opinião *on-line* para alguma ação da empresa? (2)
6. Já aferiu a imagem de sua empresa na Web? (5)
7. Que área da empresa vai assumir ou assumiu o entendimento das mídias sociais?
   a. Comunicação (5)
   b. Marketing (5)
   c. Criou-se uma área especifíca
   d. Outras (2)
8. Assinale os itens do *site* institucional que sua organização possui:
   a. Institucional (1)
   b. Produtos/serviços (1)
   c. Imprensa (2)
   d. Investidores (1)
   e. Contato (3)
   f. Atendimento *on-line* (5)
   g. FAQs (2)

Capítulo 5 – Matriz de presença e engajamento

Testamos o modelo proposto com o McDonald`s Brasil, a partir de observações feitas na rede, e obtivemos a pontuação 34, indicando uma postura avançada para a organização em termos de presença nas mídias sociais. Na sequência, as respostas referentes ao McDonald`s Brasil são apresentadas, bem como a ilustração de sua presença nas mídias sociais.

1. Presente corporativamente em quantas redes? *Duas ferramentas*. Somam-se dois pontos.
2. Possui *blog* ou outra ferramenta interativa? *Não*.
3. Monitora as redes sociais? *Sim*. Somam-se cinco pontos.
4. Tem ou teve alguma ação *on-line* (sem contar publicidade)? *Sim*. Somam-se três pontos.
5. Já convidou ou teve contato alguma vez com formadores de opinião *on-line* para alguma ação da empresa? *Sim*. Somam-se dois pontos.
6. Já aferiu a imagem de sua empresa na web? *Sim*. Somam-se cinco pontos.
7. Que área da empresa vai assumir ou assumiu o entendimento das mídias sociais? *Comunicação*. Somam-se cinco pontos.

Mídias Sociais... e agora?

8. Assinale os itens do *site* institucional que sua organização possui:
(X) Institucional (1)
(X) Produtos/serviços (1)
(X) Imprensa (2)
(X) Investidores (1)
(X) Contato (3)
(X) Atendimento *on-line* (5)
(X) FAQs (2)

Figura 9 – Modelo da régua de presença organizacional nas mídias sociais

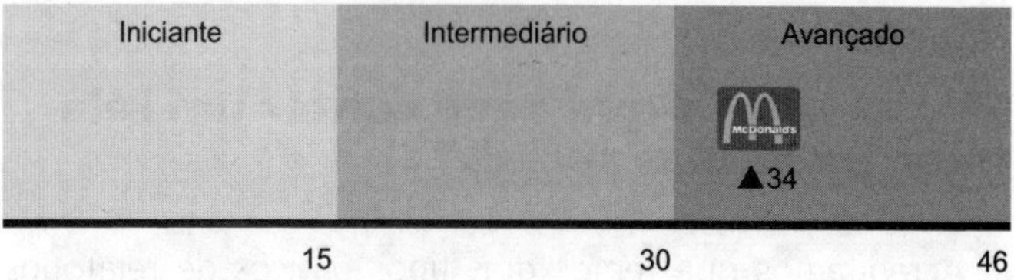

Iniciante	Intermediário	Avançado
		▲34
15	30	46

A régua difere da matriz PE (desenvolvida) à medida que afere apenas a quantidade de ações em mídias sociais que uma organização pode ter, não levando em conta seus níveis de engajamento ou profundidade nas relações estabelecidas *on-line*.

Utilizaríamos a régua para iniciar um trabalho de mídias sociais, uma vez que esta permite analisar o grau de matu-

Capítulo 5 – Matriz de presença e engajamento

ridade da organização que queira ter um nível de presença nesses ambientes digitais, interativos e participativos. Já a matriz seria uma forma mais elaborada de se classificar uma organização nas mídias sociais, uma vez que qualifica o nível de interação com usuários-mídia nas redes sociais *on-line*.

Para uma organização mudar seu posicionamento nos quadrantes da matriz PE, é preciso que esta trabalhe o nível e a qualidade dos relacionamentos que mantém com os usuários. Para avançar na régua, é preciso que aumente sua presença digital.

A organização que quer construir presença sólida na rede, precisa mapear quem são os usuários-mídia que interferem em seu dia a dia e desenhar estratégias de ação (diálogo e relacionamento) com esse público, além de medir e avaliar o êxito ou insucesso de suas atividades. Isso significa identificar nós fortes e realizar um trabalho de relacionamento com estes.

Finalmente, o que deve conter um relatório de mídias sociais?

Acreditamos que temos dois tipos básicos de relatórios em mídias sociais: os de monitoria/varredura, que chamamos de diagnóstico 2.0; e os de performance de gestão de perfis em redes sociais *on-line*. Também podemos estender o segundo modelo para um relatório de crises emergenciais.

O relatório de diagnóstico visa constatar a percepção que os usuários têm sobre determinada marca, organização, ou sobre um produto, serviço ou tema. Para tanto, é preciso mapear,

Mídias Sociais... e agora?

de forma quantitativa, e qualitativa comunidades, *blogs*, fóruns de discussão *on-line*, *tweets*, comentários, *posts* em geral etc. Nesse relatório, é interessante oferecer um panorama de quantidades: comunidades, usuários, *posts*, comentários etc., mas também uma noção de quem são os *hubs* que versam sobre o tema e sua influência diante da audiência que se quer atingir. A varredura ou monitoria, como o próprio nome diz, varre as mídias sociais com base em termos-chave, nome do cliente, concorrentes etc., para ter ideia de percepções positivas e negativas, concentradores de informação e de tráfego e traçar um comparativo da organização em relação a seus concorrentes.

Nos relatórios de performance de gestão de perfis, é importante uma divisão primeiramente por mídia social e, então, a análise cada uma delas de forma separada: quantos *posts*, *retweets* (RTs), réplicas, comentários, repercussões, críticas etc. Vale também dar destaque para perfis influentes de e pontos altos e baixos daquele período em termos de assuntos *buzz*, visibilidade etc.

Os relatórios de crises, devem conter os itens, além dos mencionados já *highlights*:[20] quem foram os detratores ou defensores da marca, quais foram os tópicos ou temas mais comentados, o que gerou mais dúvida ou protesto etc.

Em todos os casos, se faz imprescindível incluir recomendações, sugestões e planos de ação, bem como os próximos passos diante das estratégias de comunicação em mídias sociais.

---

20 Destaques.

Capítulo 5 – Matriz de presença e engajamento

Em suma, é isto o que você precisa saber para implementar um projeto de mídias sociais:

1. Comece mapeando a percepção da marca nos canais de mídia social.
2. Estude que tipo de público fala sobre sua organização.
3. Classifique o teor das conversações.
4. Trace um plano de ações que inclua:
   a. Objetivos e metas a serem atingidos nesses ambientes;
   b. A gestão dos perfis de mídia social;
   c. A execução das ações e abordagens de relacionamento da organização com seus usuários. Isso inclui diretrizes para seu público interno.
5. Mensure! Escolha um "cardápio de ferramentas" que atenda às necessidades de sua organização em relação aos objetivos que se pretende atingir.
6. Formate relatórios e/ou reportes que mostrem o trabalho realizado, a eficácia e a efetividade das ações, bem como a necessidade de se continuar.

Considerações finais

O internauta comum participa cada vez da produção de conteúdos dos meios de comunicação e das corporações das quais consome informação, entretenimento, produtos e serviços. Antes das redes sociais *on-line*, os formadores de opinião atuavam basicamente de forma linear. Com as mídias sociais, os formadores/líderes de opinião são autorreferenciáveis. Como resultado dessa (r)evolução da mídia digital, o consumidor passa a constituir-se em comunidades, em um processo de "inteligência coletiva", como diria Henry Jenkins, o que vai além do pensar individual. O consumo de mídia, então, passa a ser um processo fundamentalmente social.

O dilema está instaurado: muitas vezes esforços públicos e corporativos reforçam-se; em outras situações, essas forças colocam-se em lados conflitantes, travando uma guerra de interesses, atenção e conteúdos.

Com a ascensão das mídias digitais, um rico campo de atuação surge para o mercado da comunicação organizacio-

Considerações finais

nal. As organizações complementam as tradicionais estratégias de comunicação de massa, feita por meio das mídias clássicas, de alto custo, pelas novas mídias, mais acessíveis e com boa capacidade de alcance e de impacto.

As redes tornam-se ainda mais interessantes e atraentes quando o usuário se dá conta do poder que tem nas mãos, já que ele vê a possibilidade de se tornar um formador de opinião e um produtor de conteúdo.

Concluímos que, para implementar uma estratégia de mídia social, é importante que as organizações observem três regras principais:

- O objetivo é conseguir diálogos positivos sobre a empresa e seus produtos.
- A internet é baseada em influência e não em controle. Não se pode controlar o que as pessoas dizem, mas se pode tentar convencer.
- Todos os relacionamentos de negócios *on-line* dependem inteiramente desse tipo de influência, o convencimento e a conquista.

A imagem das organizações é crucial para o processo de faturamento, venda de produtos e serviços e, também, para o crescimento dos negócios. Atentar, portanto, a expressões da marca/produtos/serviços na rede não é mais uma questão de escolha, mas de necessidade. Trata-se de mais um papel a ser assumido pelo comunicador: o de

Mídias Sociais... e agora?

gestor da imagem nas redes sociais, capaz de avaliar a presença da marca e de propor estratégias que deponham a favor das organizações.

Para gerir esse processo de monitoramento, análise e proposição de ações, o comunicador tem de lançar mão de diversas estratégias: diagnosticar o estado da marca e de seus principais produtos e serviços nas redes sociais *on-line*; planejar e propor ações que inspirem os consumidores acerca do universo que envolve a empresa; engajar-se em fóruns que permitam a participação de usuários corporativos; estabelecer canais de comnicação sinceros, transparentes e ágeis com os públicos; alterar o paradigma do controle da informação e da marca; criar uma cultura interna de participação, colaboração e coletividade, a fim de refletir tais princípios externamente; compreeender a dinâmica de funcionamento desse universo; e abrir-se para uma via de entendimento com consumidores.

Além disso, organizações que querem estimular o conteúdo gerado pelo usuário têm de se valer de dois fatores: a visibilidade de sua marca e de seus consumidores, por meio de ferramentas que os empoderem e lhes deem prestígio.

Em suma, para se lidar com o usuário-mídia, é preciso:

- Começar pelo público interno: o que os funcionários estão falando nas redes sociais?
- Entender em quais contextos a marca, a organização, os produtos ou os serviços aparecem associados.

Considerações finais

- Identificar os temas-chave e desenvolver estratégias para atingir os consumidores que manifestaram interesse pela organização.
- Criar valor para os públicos que se quer atingir.
- Experimentar, pois não há receita pronta para ação nas redes sociais.

Para manter uma corporação em constante diálogo com seus públicos, é preciso entender por que ela quer adentrar essa seara e quais ferramentas melhor se adaptam aos seus propósitos. A mensuração das iniciativas também é fundamental. Recompensar a participação, estabelecendo um sistema de valores que reconheça contribuições e quem as fez, também estimula a cocriação das pessoas. As ações não são imediatas e, portanto, leva um tempo para que as pessoas passem a aderir e a participar. Por vezes, há mais valor no que se capta das redes sociais do que naquilo que sai da organização. Pessoas querem falar com pessoas; portanto, o tom humano nas conversações, ainda que seja no âmbito corporativo, deve prevalecer. É importante que a organização se inteire do que é dito sobre ela nos ambientes colaborativos e interativos. É fundamental saber e ter consciência de que as ferramentas são passageiras, mas o espírito dialógico permanece e que *tags* e ferramentas *folksonômicas* auxiliam no monitoramento de conteúdos.

Coutinho (2007) compara os papéis da comunicação antes e depois das redes sociais *on-line*:

Mídias Sociais... e agora?

Tradicionalmente, uma das principais funções do departamento de *marketing* foi a de "guardião da marca", papel que ele exerce prioritariamente na arena da mídia de massa. Talvez já na próxima década seja possível que as comunidades virtuais, em suas diversas formas (*sites* de relacionamento, *chats*, *blogs*, *videologs*, jogos e redes sociais), se tornem um "campo de batalha" igualmente importante. Articular sua dinâmica, seu *timing* e seu funcionamento com a estratégia de comunicação em geral e com o ciclo de vida da marca será de vital importância para influenciar os consumidores da "geração digital".

De fato, o usuário-mídia pode vir a ser um *hub* na rede e se tornar um elemento crucial para o relacionamento das organizações no meio digital. Como propostas futuras, faz-se imprescindível conhecer o poder de influência dos formadores de opinião *on-line* e o quanto estes interferem nas decisões de compra ou de simpatia, empatia e má impressão sobre as organizações. Outras possibilidades de estudo nessa área passam pela credibilidade. Como conquistar legitimidade perante as audiências também é um desafio tanto para usuários comuns quanto para grandes corporações.

Referências bibliográficas

ACCENTURE. Global media content 2008. Disponível em: <http://www.accenture.com/2008contentstudy>. Acesso em: 30 outubro de 2008.

ANDERSON, Chris. *A cauda longa*. Rio de Janeiro: Elsevier, 2006.

ARGENTI, Paul A. *Comunicação empresarial*: a construção da identidade, imagem e reputação. Rio de Janeiro: Elsevier, 2006.

BARICHELLO, Eugenia M. M. da Rocha. Apontamentos sobre as estratégias de comunicação mediadas por computador nas organizações contemporâneas. In: KUNSCH, Margarida M. Krohling (Org.). *Comunicação organizacional*. Vol. 1. Histórico, fundamentos e processos. São Paulo: Saraiva, 2009. p. 337-353.

BENKLER, Yochai. The *wealth of networks*: how social production transforms markets and freedom. New Haven, CT: Yale University Press, 2006.

Referências bibliográficas

BLUEBUS. 70% das grandes empresas não protegem seus nomes no Twitter. Disponível em: <http://www.bluebus.com.br/show/1/85769/70_das_grandes_empresas_nao_protegem>. Acesso em: 29 de agosto de 2009.

BRUNS, Axel. Produsage: Towards a Broader Framework for User-Led Content Creation. Paper presented at Creativity & Cognition conference, Washington D.C., USA, 13-15 June 2007. Acesso em: 20 de agosto de 2011.

CARNEIRO, Ruy. Métricas em mídias sociais. Publicado em 14 de maio de 2009. Disponível em: <http://webinsider.uol.com.br/index.php/2009/05/14/metricas-em-midias-sociais/>. Acesso em: 22 de junho de 2009.

CHEROBINO, Vinícius. Don Peppers: reputação *on-line* vai definir sucesso das empresas. Disponível em: <http://computerworld.uol.com.br/gestao/2008/09/15/don-peppers-reputacao-on-line-vai-definir-sucesso-das-empresas>. Acesso em: 8 de outubro de 2008.

COUTINHO, Marcelo. A web 2.0 vai às compras. Publicado em 10 de maio de 2009. Disponível em: <http://idgnow.uol.com.br/internet/sociedade_digital/idgcoluna.2009-05-10.0277283701>. Acesso em: 13 de maio de 2009.

COUTINHO, Marcelo. Crise? Qual? Publicado em 3 de março de 2009. Disponível em: <http://idgnow.uol.com.br/internet/sociedade_digital/idgcoluna.2009-02-27.5633510124>. Acesso em: 3 de março de 2009.

COUTINHO, Marcelo. O fim do controle. Revista HSM Management. São Paulo, ed. 66, p.3, janeiro-fevereiro de 2008.

Mídias Sociais... e agora?

COUTINHO, Marcelo. Marketing e comunidades digitais: do discurso ao diálogo. Publicado em abril de 2007. *Revista da ESPM*. São Paulo, abr. 2007. Disponível em: <http://www.ideiacom.com.br/gerenciador/arquivos/documentos/artigo_marcelo_coutinho.pdf>. Acesso em: 12 de fevereiro de 2009.

DELOITTE. Mídias sociais nas empresas: o relacionamento *on-line* com o mercado. Disponível em: <http://www.deloitte.com/assets/Dcom-Brazil/Local%20Assets/Documents/Estudos%20e%20pesquisas/MidiasSociais_relatorio_portugues.pdf>. Acesso em: 23 de junho de 2010.

DEUZE, Mark. The media logic of media work. *Journal of Media Sociology*, University of Illinois, v.1, n. 1/2, p. 22-40, maio 2009. Disponível em: <http://www.marquettejournals.org/images/JMSVol1Nos12.pdf>. Acesso em: 30 de setembro de 2010.

DIJCK, José van. Users like you? Theorizing agency in user-generated content. *Media, Culture & Society*. Amsterdam, Sage Publications, v.31, nº. 1, p. 41-58, 2009.

EDELMAN; TECHNORATI. Public Relations: communications in the age of personal media. Winter, 2006. Disponível em: <http://www.edelman.com/summit07/*uploads*/*blog*gersurvey_final_public_relationships.pdf>. Acesso em: 6 de setembro de 2007.

FELITTI, Guilherme. State of blogsphere: a blogosfera como mídia madura e pessoal. Disponível em: <http://idgnow.uol.com.br/internet/ideia20/archive/2008/09/26/state-of-*blog*osphere-a-*blog*osfera-como--mdia-madura-e-pessoal/>. Acesso em: 13 de outubro de 2008.

Referências bibliográficas

FERNANDES, Manoel. *Do BroadCast ao SocialCast:* como as redes sociais estão transformando o mundo dos negócios. São Paulo: W3 Editora, 2009.

IAB. Social media ad metrics definitions. Site do IAB. Publicado em maio 2009. Disponível em: <http://www.iabt.net/media/file/SocialMedia MetricsDefinitionsFinal>. Acesso em: 28 de setembro de 2008.

IAB Plataform Status Report. UGC, social media and advertising: an overview. Publicado em 2008. Disponível em: <http://www.iab.net/media/file/2008_ugc_platform.pdf>. Acesso em: 2 de julho de 2009.

KEEN, Andrew. *O culto do amador*. Rio de Janeiro: Jorge Zahar, 2009.

KUNSCH, Margarida M. Krohling; NASSAR, Paulo. The relationship between the academy and professional organizations in the development of organizational communication. *Management Communication Quartely*, v.22, nº.4. p. 655-662. Acesso em: 13 de março de 2009.

KUNSCH, Margarida M. Krohling. *Planejamento de relações públicas na comunicação integrada*. São Paulo: Summus, 2003.

LEADBEATER, Charles. We think: why mass creativity is the next big thing. Publicado em 2007. Disponível em: <http://www.wethinkthebook.net/cmc/site/docs/charles%20full%20draft.pdf>. Acesso em: 16 de dezembro de 2009.

LEMOS, André. Cibersocialidade: tecnologia e vida social na cultura contemporânea. Salvador: UFBA, Centro de estudos e Pesquisa em Cibercultura, [s.d.]. Disponível em: <http://www.facom.ufba.br/ciber pesquisa/text_and3.htm>. Acesso em: 12 de dezembro de 2009.

Mídias Sociais... e agora?

MAIA, Viviane. Estão falando bem (e mal) de você. Junte-se a eles. *Pequenas Empresas, Grandes Negócios*, São Paulo, ed. 238, nov. 2008a. Disponível em: <http://empresas.globo.com/Empresasenegocios/0,19125,ERA1691395-2574,00.html>. Acesso em: 17 de novembro de 2008.

_____. Falem bem ou mal, mas... *Revista Época Negócios*, São Paulo, ed. 21, out. 2008b. Disponível em: <http://epocanegocios.globo.com/Revista/Epocanegocios/0,,EDG84895-8377-21,00-FALEM+BEM+OU+MAL+MAS.html>. Acesso em: 30 de outubro de 2008.

MONTARDO, Sandra P. Conteúdo gerado pelo consumidor. reflexões sobre a apropriação pela comunicação corporativa. In: CONGRESSO BRASILEIRO DE CIÊNCIAS DA COMUNICAÇÃO, XXXII. *Anais...* Disponível em: <http://www.intercom.org.br/papers/nacionais/2009/resumos/R4-1759-1.pdf>. Acesso em: 13 de setembro de 2009.

MUNIZ, Eduardo. *Como utilizar as redes sociais como parte integrante das estratégias de marketing*. Oficina de capacitação Estratégias de comunicação com redes sociais. Jump Education. Apostila datada de 20 de agosto de 2008.

NASSAR, Paulo. Não dá para brincar com a mídia digital. Revista *Melhor ABRH*, São Paulo, p. 26-27, julho 2008.

NIELSEN. Global faces and networked places: a Nielsen report on social networking's new global footprint. 2009. Disponível em: <http://blog.nielsen.com/nielsenwire/global/social-networking-new-global-footprint/>. Acesso em: 14 de julho de 2010.

RECLAME aqui. 2007. Disponível em <http://www.reclameaqui.com.br/noticias/reclame-aqui-e-destaque-em-jornal-do-centro-oeste/102>. Acesso em: 30 de setembro de 2010.

Referências bibliográficas

RECUERO, Raquel. *Redes sociais na internet*. Porto Alegre: Sulina, 2009a.

_____. Por que os blogueiros têm Twitter? Blog Ponto Mídia. Publicado em maio de 2009B. Disponível em <http://pontomidia.com.br/raquel/arquivos/por_que_os_blogueiros_tem_Twitter.html>. Acesso em: 8 de junho de 2009.

_____. O que é mídia social? Blog Ponto Mídia. Publicado em 2 de outubro de 2008. Disponível em: <http://pontomidia.com.br/raquel/arquivos/o_que_e_midia_social.html>. Acesso em: 3 de outubro de 2010.

RODRIGUES, Camila; ARRAIS, Daniela. Você é a propaganda. *Folha de S.Paulo*, Caderno de Informática, 26 de março de 2008. Disponível em: <http://www1.folha.uol.com.br/fsp/informat/fr2603200801.htm>. Acesso em: 12 de fevereiro de 2009.

ROSA, Mário. *A reputação na velocidade do pensamento*. São Paulo: Geração Editorial, 2006.

SAAD CORRÊA, Elisabeth. Comunicação digital e novas mídias institucionais. In: KUNSCH, Margarida M. Krohling (Org.). *Comunicação organizacional*. São Paulo: Saraiva, 2009b. p. 317-335.

_____. Digital age 2.0: o dilema da superexposição da marca, do produto, da pessoa. Blog Intermezzo. Publicado em 7 de outubro de 2008. Disponível em: <http://imezzo.wordpress.com/2008/10/07/digital-age-20-o-dilema-da-super-exposicao-da-marca-do-produto-da--pessoa/>. Acesso em: 8 de outubro de 2008.

Mídias Sociais... e agora?

SAAD CORRÊA, Elisabeth. *Estratégias para a mídia digital*: internet, informação e comunicação. São Paulo: Editora Senac São Paulo, 2003.

SROUR, R. *Ética empresarial*: a gestão da reputação. Rio de Janeiro: Campus, 2003.

TAPSCOTT, Dan. *Economia digital*: promessa e perigo na era da inteligência em rede. São Paulo: Makron Books, 1997.

_____. *Wikonomics*: como a comunicação em massa pode mudar o seu negócio. Rio de Janeiro: Nova Fronteira, 2007.

TECHNORATI. State of the blogosphere 2008. Disponível em: <http://technorati.com/blogging/feature/state-of-the-blogosphere-2008/>. Acesso em: 20 de setembro de 2009.

TEICH, Daniel Hessel. A arte de encantar o jovem. Revista *Exame*. São Paulo, Ano 42, nº. 20, Ed. 929. p. 112-119, 22 de outubro de 2008.

TERRA, Carolina F. A comunicação organizacional em tempos de redes sociais *on-line* e de usuários-mídia. In: CONGRESSO BRASILEIRO DE CIÊNCIAS DA COMUNICAÇÃO, XXXII, Curitiba, 2009. *Anais...* Disponível em: <http://www.intercom.org.br/papers/nacionais/2009/resumos/R4-0495-1.pdf>. Acesso em: 13 de setembro de 2009.

THE Cluetrain manifesto. Disponível em: <http://www.cluetrain.com/portuguese/index.html>. Acesso em: 10 de julho de 2009.

TWITTER 101. A special guide. Jul. 2009. Disponível em: <http://business.Twitter.com/Twitter101>. Acesso em: 17 de agosto de 2009.

Referências bibliográficas

UGARTE, David de. *O poder das redes*. Porto Alegre: Edipucrs/CMDC, 2008.

USER GENERATED. Contest é consumidor no poder da internet, 2007. Diponível em: <http://www.meioemensagem.com.br/revista_meio_digital_u3_1/> Acesso em: 30 de setembro de 2010.

VILLAFAÑE, Justo. *La gestión profesional de la imagen corporativa*. Madrid: Pirámide, 1999.

WETPAINT; ALTIMETER. The world's most valuable brands.Who's most engaged? Ranking the top 100 global brands. 2009. Disponível em <http://www.engagementdb.com/downloads/ENGAGEMENTdb_Report_2009.pdf> Acesso em: 30 de setembro de 2010.

WILSON, David. Ten ways to measure a social media campaign. 10/03/2009. Disponível em: <http://social-media-optimization.com/2009/03/10-ways-to-measure-a-social-media-campaign>. Acesso em: 10 de março de 2009.

Apêndice

Alguns casos de mídia social

Nos Estados Unidos, a General Motors criou um *site* no qual o público era convidado a criar comerciais para o Chevy Tahoe. Diversos vídeos criticando o carro foram inseridos, e a empresa não os removeu do *hotsite*, procurando entender melhor os motivos das críticas.

***

Segundo Teich (2008, p. 114), entre fevereiro e março de 2008, a Coca-Cola patrocinou a colocação de *piercings* em 280 jovens em clínicas especializadas em quatro cidades brasileiras. A condição para ganhar o item era posar com a peça para uma foto a ser colocada em *sites* como Flickr e Picasa. O diretor de *marketing* da Coca-Cola, na época, Ricardo Fort, justifica a ação

Apêndice

como uma campanha com a "cara do jovem", de forma que ele se "apaixonasse pela marca". Algo como uma conexão física.

***

No Brasil, um professor universitário, Maritônio Barreto de Almeida, em 2002, pagou R$5,5 mil como parte da entrada de um Fiat Stilo 1.8, porém o carro não chegou. Depois de 51 dias de espera e nenhuma satisfação da montadora (mesmo após o envio de e-mails, fax e telefonemas), Maritônio criou um *site*[21] em que se vestiu de palhaço, o qual rapidamente ganhou notoriedade na rede. A Fiat foi à justiça para solicitar a retirada do *site* do ar, mas a essa altura o caso já havia se espalhado e o desgaste da marca foi notável.

***

Um outro caso que pode ser citado é o do acocholatado em pó Nescau. O sabor tradicional que existe no Brasil desde 1932 ganhou diversas versões nos últimos tempos, o que acabaria "colocando para escanteio" o produto "original". Milhares de consumidores se organizaram em comunidades do Orkut[22] ("Queremos o Nescau tradicional", "Volta, Nescau tradicional"), clamando pela volta do produto. A Nestlé do Brasil

---

21 Disponível em http://www.maritonio.com.br/. Acesso em 22/7/2010.
22 Disponíveis em http://www.orkut.com.br/Main#Community?cmm=62388421 e http://www.orkut.com.br/Main#Community?cmm=60624257, respectivamente.

Mídias Sociais... e agora?

decidiu então mudar os planos e manter o sabor tradicional nas prateleiras. As comunidades foram informadas da decisão.

***

A mudança de planos não foi a opção da fabricante de perfumaria O Boticário. Ao descontinuar o perfume One of Us, a empresa deparou-se com uma comunidade no Orkut[23] (Órfãos do One of Us) solicitando a volta do produto. A empresa entrou em contato com a moderadora da comunidade e explicou que o produto tinha uma alternativa. A consumidora publicou a resposta da empresa na comunidade e o que poderia ter se tornado um problema para O Boticário acabou virando caso de sucesso no relacionamento das empresas com seus consumidores via redes sociais.

***

Segundo nota do *site* Blue Bus (2008), uma usuária criou uma conta no *microblog* Twitter sobre a Exxon Mobil e passou a publicar informações sobre o comportamento da empresa em relação a temas como aquecimento global e também a responder a perguntas de outros usuários. Após esse episódio, a agência de *branding* estrangeira, Cow, realizou uma pesquisa e detectou que 70% das grandes empresas

---

23 Disponível em http://www.orkut.com.br/Main#Community?cmm=1073137.

Apêndice

no índice FTSE 100 (as cem mais valiosas listadas na Bolsa de Londres) não se preocuparam em criar perfis no Twitter para proteger seus nomes e suas marcas.

***

A rede norte americana de lingeries Victoria´s Secret criou um perfil[24] no *site* de relacionamentos Facebook com a finalidade de divulgar sua nova linha destinada ao público jovem. Mais de 500 mil usuárias adicionaram a empresa como "amiga" para se comunicar com ela, ver fotos e vídeos, além de acompanhar as novidades.

***

A vinícola sulafricana Stormhoek enviou garrafas de vinho a 185 representantes de redes sociais do Reino Unido e da Irlanda. Como resultado, surgiram 305 referências sobre o produto em *blogs,* e a empresa aumentou seu faturamento de US\$ 1 milhão para US\$ 10 milhões, em dois anos (MAIA, 2008a).

***

Depois de ter saído a notícia de que o *site* de comércio eletrônico Amazon reclassificou os livros envolvendo temas

---

24   Disponível em http://www.facebook.com/vspink?v=app_4949752878.

Mídias Sociais... e agora?

gays e lésbicos como conteúdo adulto, removendo-os dos *rankings* de venda e da busca principal, um forte protesto nos *blogs* e no Twitter (tag #amazonfail) teve início. Primeiro, a companhia atribuiu o problema a erros no sistema, depois assumiu que eram erros de catalogação que envolviam 57 mil livros cujos temas tratavam de saúde e sexo.

***

Em 2006, a Dell Computadores percebeu que quase 50% de todas as conversas *on-line* envolvendo a organização eram negativas. Para reverter esse cenário, criou *sites* colaborativos e participativos[25] como o IdeaStorm e o Direct2Dell, que abriram canais de diálogo entre a organização e os consumidores. A Dell também se vale do Twitter[26] como ferramenta de promoção e ofertas aos seguidores da marca. O perfil Dell Outlet (http://Twitter.com/delloutlet) promove ofertas exclusivas aos seus seguidores e já conseguiu mais de US$ 3 milhões em vendas pelo Twitter. Embora a Dell reconheça que cada canal é único, também entende que o engajamento muitas vezes migra entre os canais. Por isso, criou em seu *blog* (www.direct2dell.com) um *post* pedindo *feedback* sobre o Dell Mini, estimulando a interação também no Twitter (www.Twitter.com/dell_mini).

---

25 Disponível em http://www.ideastorm.com/ e http://en.community.dell.com/blogs/direct2dell/.

26 Disponível em http://www.dell.com/twitter.

Apêndice

O tom pessoal, honesto e real, parece ser o pilar dos relacionamentos entre organização e usuários nas mídias sociais. Esse conceito é extremamente seguido por Tony Hsieh, CEO da loja *on-line* de sapatos Zappos.com, que acredita que a melhor publicidade é o boca a boca. Assim, investe em atendimento de qualidade para que isso se replique natural e espontaneamente. Ele conta com o Twitter para potencializar esse boca a boca *on-line*: http://Twitter.com/zappos.

***

Outro caso de sucesso vem dos Estados Unidos, quando a marca Skittles alterou a página principal do seu *site* referenciando-a à página da organização no Twitter. O tráfego saltou 1.322% e o burburinho em torno da atitude foi grande. Pensando na continuidade da iniciativa, a marca migrou o *link* da página principal para o Facebook e depois para a Wikipedia.

***

A empresa de *software* SAP combina programas de mídia social públicos e internos. Ela possui *blogs* internos, *wikis* colaborativos e um *microblog* interno denominado "Shout it", além de uma rede social profissional interna, como o LinkedIn, denominada Harmony. Simultaneamente, a companhia gerencia três grandes comunidades que possuem *blogs*, *wikis*, vídeos *on-line*, fóruns etc. A SAP criou um perfil

Mídias Sociais... e agora?

no Twitter (www.Twitter.com/saplistens) que convida os consumidores a falar com a empresa.

***

O primeiro canal lançado pela Starbucks foi MyStarbucksidea.com, no qual as pessoas submetem, comentam e votam nas ideias favoritas que viram melhorias reais na organização. Para a empresa, cada canal é diferente e requer desenvolvimento e facetas diversas.

***

A empresa organizadora de eventos HSM utiliza o Twitter[27] para divulgar artigos do seu portal, novos palestrantes, cobertura ao vivo dos eventos, para enquetes com seguidores e para esclarecer dúvidas sobre a companhia.

***

A Nokia oferece o sistema de assistência aos clientes e dicas pelo www.Twitter.com/nokiaguru. O hipermercado Wal-Mart (http://twitter.com/mundowalmart), além de prestar serviço ao consumidor, divulga promoções temporárias e os principais lançamentos. A empresa já começa a se relacionar com seus clientes

---

27 Disponível em http://twitter.com/HSMONLINE. Acesso em 22/7/2010.

Apêndice

que têm dúvidas e a divulgar promoções para o público que a segue, assim como a concorrência: www.twitter.com/tudoextra.

***

A cadeia de sorveterias britânica Tasti-D-Lite (http://twitter.com/Tastidlite) obtém *feedback* de seus clientes via Twitter e, por vezes, os surpreende com entregas de sobremesas.

***

O jornalista e *hub* das mídias sociais Marcelo Tas fez um acordo publicitário com a Telefônica para que postagens sobre um novo serviço da empresa fossem feitas. A escolha do apresentador se deu em razão de seu poder de influência e disseminação no *microblog*. No entanto, a ação não foi bem aceita pela comunidade, que exigia do jornalista uma resposta ao não funcionamento do serviço. O fato foi noticiado pela grande imprensa, inclusive a internacional (*The Wall Street Journal*).[28]

***

Conta o diretor de marketing da Tecnisa, Romeo Busarello (apud FERNANDES, 2009, p. 47), que certa vez um cliente

---

28 Disponível em http://online.wsj.com/article/SB123741800551177861.html?mod=rss_media_marketing%20http://twitter.com/marcelotas.

Mídias Sociais... e agora?

havia comprado o apartamento na planta e pagara 75% do imóvel durante a construção. Para o restante, ele pegaria um financiamento de um agente imobiliário. No dia da entrega do imóvel, o cliente queria receber as chaves sem ter liquidado 100% do bem. Indignado, ele afirmou que criaria uma comunidade no Orkut intitulada "Eu odeio a Tecnisa".[29] Outro problema ocorreu quando um corretor de imóveis sugeriu ao diretor de marketing que digitasse Tecnisa no Google. No terceiro resultado de busca, havia um *post* de um cliente indignado com a cobrança de juros por parte da empresa. O fato é que aquela manifestação negativa estava afetando a decisão de compra de outro cliente. Isso levou o diretor a seguinte conclusão: "Antes do advento das redes sociais o usuário usava o 'fale conosco' para ser ouvido pelas empresas; hoje ele usa as redes sociais e 'fala para todos'".

---

29 Disponível em http://www.orkut.com.br/Main#Community?cmm=91236213.

Apêndice

Ranking das marcas mais influentes e seus respectivos perfis nas mídias sociais

		EMPRESA	BÔNUS	TOTAL	ENGAJA-MENTO
1	Coca-Cola	**COMUNIDADES OU PERFIS OFICIAIS EM SITES DE RELACIONAMENTO (ORKUT E LINKEDIN):** "Linkedin - http://www.linkedin.com/companies/coca-cola-guararapes--ltda?trk=co_search_results& goback=.cps_125175 4777419_1 http://www.linkedin.com/companies/spaipa-sa?trk=co_search_results &goback=.cps_12517 54777419_1 Engajamento - 2." **TWITTER:** "Oficial? http://twitter.com/cocacola noclube Engajamento - 1." **SITES DE COMPARTILHAMENTO:** "Youtube - Coca-cola Semana do Otimismo: http://www.youtube.com/user/semanaotimismo2009 Engajamento - 1."	4		4
2	Nestlé	**REDE SOCIAL PROPRIETÁRIA:** "Nestlé com você todo dia: http://www.nestle.com.br/site/ferramentas/calendario/cadastro.aspx. Engajamento - 1." **FÓRUNS DE DISCUSSÃO OU CHATS:** "Fórum Clube do Bebê: http://www.nestlebaby.com/pt/nestle_baby_club/forum/. Engajamento - 3." **WIDGETS:** "Nestlé manda livro de receitas para iPhone: http://www.baguete.com.br/noticiasDetalhes.php?i d=3509 839. Engajamento - 1." **SITES DE COMPARTILHAMENTO:** "Nescau no Youtube: http://www.youtube.com/user/nescau. Engajamento - 3."	4		8
3	Sadia	**REDE SOCIAL PROPRIETÁRIA:** "Receitas: http://www.sadia.com.br/receitas/ Engajamento - 2." **WIDGETS:** "Calculadora de churrasco: http://www.sadia.com.br/s-para-voce/ Engajamento - 1." **SITES DE COMPARTILHAMENTO:** "Youtube Sadia: http://www.youtube.com/receita Sadia? gl=BR&hl =pt Engajamento - 1." **OUTROS:** "Sadia Terra TV: http://terratv.terra.com.br/Especiais /4603/ Receitas -Sadia.htm.http:// www.sadia.com.br/imprensa/ 17_ SADIA+ COLOCA+ NO+ AR+ NOVO+SITE+ PARA+ REFORCAR+ CAMPANHA +E+ VALORES+DA+ MARCA. Engajamento - 2."	5		6

124

Mídias Sociais... e agora?

		EMPRESA	BÔNUS	TOTAL	ENGAJA-MENTO
4	Natura	**BLOG:** "Blog Consultoria: http://www.blogconsultoria.natura.net/. Engajamento - 3." **COMUNIDADES OU PERFIS OFICIAIS EM SITES DE RELACIONA-MENTO (ORKUT E LINKEDIN):** "Linkedin: http://www.linkedin.com/companies/natura. Engajamento - 1." **TWITTER:** "2 apelidos: http://twitter.com/naturanet (engajamento - 3) e http://twitter.com/naturaspfw (engajamento - 1). Engajamento total - 4." **SITES DE COMPARTILHAMENTO:** "Youtube BemEstarBem: http://www.youtube.com/naturabemestarbem Engajamento - 2."		5	10
5	Rede Globo	**BLOG:** "Blogs dos Espaços Criança Esperança: http://projetos.criancaesperanca.globo.com/ecerj Engajamento - 3." **COMUNIDADES OU PERFIS OFICIAIS EM SITES DE RELACIONA-MENTO (ORKUT E LINKEDIN):** "Linkedin: http://www.linkedin.com/companies /rede-globo Engajamento - 1." **REDE SOCIAL PROPRIETÁRIA:** "GloboOnliners (desativada): http://www.globoonliners.com.br/." **TWITTER:** "http://twitter.com/rede_globo Engajamento - 3." **FÓRUNS DE DISCUSSÃO OU CHATS:** "VideoChat: http://videochat.globo.com/ Engajamento - 1." **WIDGETS:** "Vários: http://oglobo.globo.com/widget/ Engajamento - 1." **SITES DE COMPARTILHAMENTO:** "Flickr: http://www.flickr.com/people/redeglobo/. Engajamento - 1 Youtube (malhação): http://www.youtube.com/user/malhacao. Engajamento - 2" **OUTROS:** "Mural dos voluntários: http://acaoglobal.globo.com/AcaoGlobal/ 0,,MUU0-17129,00.html.Mural dos amigos: http://amigosdaescola.globo.com/TVGlobo/Amigosdaescola /0,,MUU0-6959,00.html.Total Engajamento - 2."	3	12	14

125

Apêndice

	EMPRESA		BÔNUS	TOTAL	ENGAJA-MENTO
6	McDonald's	**TWITTER:** "http://twitter.com/MCDonaldsBrasil. Engajamento - 1."		2	4
		FÓRUNS DE DISCUSSÃO OU CHATS: "Chat com consumidores: http://www.mcdonalds.com.br/institucional/noticias_interna.asp?id=516. Engajamento - 3."			
7	Adidas	**BLOG:** "Adiblog: http://www.adiblog.com.br/. Engajamento - 3."	3	11	24
		COMUNIDADES OU PERFIS OFICIAIS EM SITES DE RELACIONAMENTO (ORKUT E LINKEDIN): "Facebook: http://www.facebook.com/pages/adidas-Football-Brasil/ 92282856274? ref=ts e Adidas Originals. Engajamento - 3. Orkut Adiblog: http://www.orkut.com.br/Main# Community.aspx?rl=cpp &cmm=80617501. Engajamento - 3. Total Engajamento - 6."			
		REDE SOCIAL PROPRIETÁRIA: "Adidas Code 2009: http://www.adidascode2009.com.br/. Engajamento - 3."			
		TWITTER: "http://twitter.com/adidaseyewearbr. Engajamento - 3. http://twitter.com/circuitoadidas. Engajamento - 3. Total Engajamento - 6."			
		SITES DE COMPARTILHAMENTO: "Youtube (Adidas Football TV): http://www.youtube.com/user/adidasfootballtv. Engajamento - 3. Youtube Detetive Palmeirense: http://www.youtube.com/user/Detetive-palmeirense. Engajamento - 3. Total Engajamento - 6."			
8	Danone	**BLOG:** "Blog Copa das Nações Danone: http://blog.copadanonebrasil.com.br/. Engajamento - 3."	3	11	22
		COMUNIDADES OU PERFIS OFICIAIS EM SITES DE RELACIONAMENTO (ORKUT E LINKEDIN): "Orkut Copa das Nações Danone: http://www.orkut.com.br/Main#Community.aspx?cmm=60042446. engajamento - 3."			
		REDE SOCIAL PROPRIETÁRIA: "Copa das Nações Danone: http://blog.copadanonebrasil.com.br/wp-login.php. Engajamento - 3. Rede social para profissionais da saúde: http://www.danone.com.br/profissionais.php. Engajamento - 3."			
		TWITTER: "http://twitter.com/copadanone2009. Engajamento - 3."			
		WIDGETS: "Danone Activia: http://www.danone.com.br/activia/calendarioActivia.php. Engajamento - 1."			
		SITES DE COMPARTILHAMENTO: "Youtube Copa das Nações Danone: http://www.youtube.com/copadanonebrasil e http://www.youtube.com/user/copadanonebrasil. Engajamento - 3. Flickr Copa das Nações Danone: http://www.flickr.com/people/copadanone2009/. Engajamento - 3. Total Engajamento - 6."			

Mídias Sociais... e agora?

		EMPRESA	BÔNUS	TOTAL	ENGAJA-MENTO
9	O Boticário	**BLOG:** "Blog Mundo mais Belo - http://www2.boticario.com.br/mundomaisbelo/Blog.aspx. Engajamento - 3. Blog Mamie Bella - http://www2.boticario.com.br/mamiebella/Blog.aspx. Engajamento - 3. Total Engajamento - 6." **TWITTER:** "http://twitter.com/fund_boticario. Engajamento - 3." **WIDGETS:** "Concurso beijo explosivo: http://www2.boticario.com.br/portal/hot_sites/beijo explosivo/ #http://www2.boticario.com.br/portal/hot_sites/beijoexplosivo//Util/FotosCada stradas /296599ba--3a3d-432f-89f6-0eaece70023c.jpg. Engajamento - 3." **SITES DE COMPARTILHAMENTO:** "Youtube: http://www.youtube.com/user/boticario. Engajamento - 3. Flickr: http://www.flickr.com/photos/mamiebellaoboticario. Engajamento - 3. Total Engajamento - 6." **OUTROS:** "Monitoramento das redes sociais: http://tecnologia.terra.com.br/interna/0,,OI780981-EI4831,00.html. Engajamento - 1. Twitter com e-commerce: http://www.tweetquerobeijoboticario.com.br/. Engajamento - 3."	3	11	22
10	Brastemp	**BLOG:** "Blog Brastemp: http://www.brastemp.com.br/conteudo/blog/home/default.aspx. Engajamento - 3." **REDE SOCIAL PROPRIETÁRIA:** "Homem na cozinha (não funcionando): http://www.brastemp.com.br/ch/comunidades/descricao.aspx?tc=1." **TWITTER:** "Brastemp update: http://twitter.com/brastemp_update. Engajamento - 3. Brastemp outlet: http://twitter.com/brastemp_outlet. Engajamento - 3. Eugenio do meu jeito: http://twitter.com/domeujeito. Engajamento - 3. Fonte: http://www.portaldapropaganda.com.br/portal/ultimas/Brastemp-coloca-no-ar-seu-outlet-e-twitter-ativa-promooes-relmpago.html Total Engajamento - 9." **SITES DE COMPARTILHAMENTO:** "Youtube (Eugeniodomeujeito): http://www.youtube.com/user/eugeniodomeujeito. Engajamento - 3." **OUTROS:** "Blip.fm: http://blip.fm/domeujeito. Engajamento - 3."		6	18

Apêndice

BLOG	7
COMUNIDADES OU PERFIS OFICIAIS EM SITES DE RELACIONAMENTO (ORKUT E LINKEDIN)	7
REDE SOCIAL PROPRIETÁRIA	5
TWITTER	12
FÓRUNS DE DISCUSSÃO OU CHATS	3
WIDGETS	5
WIKI	0
SITES DE COMPARTILHAMENTO	14
OUTROS	7
TOTAL	**71**
ENGAJAMENTO	**132**

Mídias Sociais... e agora?

Ranking das marcas mais valiosas e seus respectivos perfis nas mídias sociais

	EMPRESA		BÔNUS	TOTAL	ENGAJA-MENTO
1	Petrobras	**BLOG:** "Fatos e Dados (http://www.blogspetrobras.com.br/fatosedados/) Engajamento - 3."		5	13
		COMUNIDADES OU PERFIS OFICIAIS EM SITES DE RELACIONAMENTO (ORKUT E LINKEDIN): "Linkedin: http://www.linkedin.com/companies/4120/Petrobras. Engajamento - 1."			
		TWITTER: "http://twitter.com/blogpetrobras. Engajamento - 3."			
		FÓRUNS DE DISCUSSÃO OU CHATS: "Chat (http://www2.petrobras.com.br/portal/frame_ri.asp?pagina=/ri/port/ApresentacoesEventos/Chat/Chat.asp&la ng=pt&area=ri). Engajamento - 3."			
		SITES DE COMPARTILHAMENTO: "Fatos e dados no Youtube: http://www.youtube.com/fatosedadospetrobras. Engajamento - 3."			
		OUTROS:			
2	Bradesco	**BLOG:** "http://twitter.com/mottafernando/statuses/2402614773. Engajamento - 3."	3	10	17
		REDE SOCIAL PROPRIETÁRIA: "Banco do Planeta (http://www.bancodoplaneta.com.br/). Engajamento - 3."			
		TWITTER: "http://twitter.com/bancodoplaneta. Engajamento - 3."			
		FÓRUNS DE DISCUSSÃO OU CHATS: "Chat com investidores - http://www.acionista.com.br/home/bradesco/050808_chat_pf.htm. Engajamento - 3."			
		WIDGETS: "http://www.bradescoprevidencia.com.br/WidGet/widget.html. Engajamento - 1."			
		SITES DE COMPARTILHAMENTO: "Youtube: http://www.youtube.com/user/bradescoauto?gl=BR&hl=pt. Engajamento - 2."			
		OUTROS: "SecondLife: http://www.jeffpaiva.com/blog/index.php/archives/194. Conteúdo RSS para investidores. Engajamento - 2."			

Apêndice

		EMPRESA	BÔNUS	TOTAL	ENGAJA-MENTO
3	Ambev	**BLOG:** "Blog do GA: http://www.guaranaantarctica.com.br/blog-do-ga. aspx. Engajamento - 1."	3	13	17
		COMUNIDADES OU PERFIS OFICIAIS EM SITES DE RELACIONAMENTO (ORKUT E LINKEDIN): "Pepsi no Orkut: http://www.orkut.com.br/Main#Community. aspx?cmm=92271536&refresh=1. Engajamento -3."			
		REDE SOCIAL PROPRIETÁRIA: "PepsiMundo: http://www.pepsimun-do.com/brasil/. Engajamento - 1."			
		TWITTER: "Pepsi: http://twitter.com/pepsibr. Engajamento - 2."			
		FÓRUNS DE DISCUSSÃO OU CHATS: "Chat (http://www.ambev. com.br/not_04.php?noticia =704). Engajamento - 3."			
		WIDGETS: "Pepsi widget: http://www.pepsimundo.com/brasil/ conexion/widget.php. Pepsi mobile: http://www.pepsimundo.com/brasil/conexion/mobile.php. Geladeira skol: http://geladeira.skol.com.br/. Engajamento - 1 x 3 = 3."			
		SITES DE COMPARTILHAMENTO: "Pepsi Youtube: http://www. youtube.com/pepsidoseujeito. Engajamento - 3."			
		OUTROS: "Pepsi (envie sua notícia): http://www.pepsimundo.com/ brasil/novidades/pepsi_envie.php. Engajamento 1."			
4	Banco do Brasil	**TWITTER:** "http://twitter.com/ccbb_sp. Engajamento - 2 http://twitter.com/ccbb_rj. Engajamento - 2 Http://twitter.com/ccbb_df. Engajamento - 2 Engajamento total - 6."	3	6	
5	Banco Itaú	**TWITTER:** "Itaú Cultural: http://twitter.com/itaucultural. Engajamento - 2 Itaú Corretora: http://twitter.com/itaucorretora. Engajamento - 2 Engajamento total - 4."	5	11	
		FÓRUNS DE DISCUSSÃO OU CHATS: "Itaú Chat: http://ww18.itau. com.br/noticias_cotacoes/chat/hp.aspx. Engajamento - 2."			
		SITES DE COMPARTILHAMENTO: "Youtube Itaú Cultural: http:// www.youtube.com/user/itaucultural. Engajamento 2."			
		OUTROS: "SecondLife: http://www.itau.com.br/campanhas/inst/ second_life/hotsite/conheca_ilha.htm. Engajamento - 3."			

Mídias Sociais... e agora?

		EMPRESA	BÔNUS	TOTAL	ENGAJA-MENTO
6	Volkswa-gen	**BLOG:** "http://www.vwbr.com.br/blogeventos/ Engajamento - 1." **TWITTER:** "http://twitter.com/volkswagen_br Engajamento - 3." **FÓRUNS DE DISCUSSÃO OU CHATS:** "Chat: http://chat.volkswagen.com.br/vw.htm Engajamento - 3." **WIDGETS:** "Álbum virtual: http://albumvirtual.trama.uol.com.br/ http://www.volkswagen.com/br/pt/planeta_volkswagen/album_virtual.html. Engajamento - 2." **SITES DE COMPARTILHAMENTO:** "Youtube: http://www.youtube.com/volkswagendobrasil http://www.vw.com.br/universite/conteudo/diversos/videos.htm Engajamento - 2." **OUTROS:** "Sites de clubes e associações: http://www.volkswagen.com/br/pt/planeta_volkswagen/Clubes-E-Associacoes.html. Patrocínio de uma rede social: http://www.carz.com.br/. Engajamento - 2."	3	12	13
7	General Motors	**BLOG:** "Blog interno: http://www.blogcorporativo.net/2007/08/19/blog-do-presidente-da-gm-brasil/. Engajamento - 3. Blog promocional: http://blog.ontheroadagain.la/blog/pt. Engajamento - 1. Engajamento total - 4." **REDE SOCIAL PROPRIETÁRIA:** "Rede para caronas: http://www.chevrolet.com.br/content_data/LAAM/BR/pt/GBPBR/001/html/chevy_portal/frame/carona.html?s_cid=fixoportal Engajamento - 3." **TWITTER:** "Diretoria de Comunicação Socil da GMB: http://twitter.com/GMBPress Engajamento - 3." **OUTROS:** "Sites de fãs clubes: http://www.chevrolet.com.br/action/sessionAction? func=Static&cntry_cd=BR&lang_cd=pt&website_cd=GBPBR&section=ChevroletPlus&subSection=FaClube. Engajamento - 1"	5	11	

Apêndice

		EMPRESA	BÔNUS	TOTAL	ENGAJA-MENTO
8	Unilever	**BLOG:** "Blogs das marcas: http://www.blog corporativo .net/ 2007/10/25/blogs-da-unilever/. Engajamento - 3. Blog Unilever Farma: http://www.unilever farma.com.br/blog/default.aspx. Engajamento - 3. Engajamento total - 6." **COMUNIDADES OU PERFIS OFICIAIS EM SITES DE RELACIONAMENTO (ORKUT E LINKEDIN):** "Unilever Farma no Orkut: http://www.orkut.com.br/Main#Community.aspx?cmm=87876765. Engajamento - 3." **TWITTER:** "Seda: http://twitter.com/Sedahair. Engajamento - 1. Unilever vôlei: http://twitter.com/unilevervolei. Engajamento - 3. Engajamento total - 4." **FÓRUNS DE DISCUSSÃO OU CHATS:** "Chat online Seda: http://www.seda.com.br/#/fale-conosco/. Engajamento - 3." **SITES DE COMPARTILHAMENTO:** "Youtube: http://www.youtube.com/user/leveavidamaistrident. Engajamento - 3." **OUTROS:**	7	19
9	Nestlé	**REDE SOCIAL PROPRIETÁRIA:** "Nestlé com você todo dia: http://www.nestle.com.br/site/ferramentas/calendario/cadastro.aspx. Engajamento - 1" **FÓRUNS DE DISCUSSÃO OU CHATS:** "Fórum Clube do Bebê: http://www.nestlebaby.com/pt/nestle_baby_club/forum/. Engajamento - 3." **WIDGETS:** "Nestlé manda livro de receitas para iPhone: http://www.baguete.com.br/noticiasDetalhes.php?id=3509839. Engajamento - 1." **SITES DE COMPARTILHAMENTO:** "Nescau no Youtube: http://www.youtube.com/user/nescau. Engajamento - 3."	4	8
10	Caixa	**BLOG:** "Blog Empreendedores: http://www.blogdosempreendedores.com.br/. Engajamento - 3." **COMUNIDADES OU PERFIS OFICIAIS EM SITES DE RELACIONAMENTO (ORKUT E LINKEDIN):** "Linkedin: http://www.linkedin.com/companies/caixa-economica-federal. Engajamento - 2. Orkut do blog: http://www.orkut.com.br/Main#Profile.aspx?uid=4872228725584665675. Engajamento - 3. Engajamento total - 5." **TWITTER:** "Twitter do blog: http://twitter.com/blogdacaixa. Engajamento - 3."	4	11

Mídias Sociais... e agora?

BLOG	7
COMUNIDADES OU PERFIS OFICIAIS EM SITES DE RELACIONAMENTO (ORKUT E LINKEDIN)	7
REDE SOCIAL PROPRIETÁRIA	5
TWITTER	12
FÓRUNS DE DISCUSSÃO OU CHATS	3
WIDGETS	5
WIKI	0
SITES DE COMPARTILHAMENTO	14
OUTROS	7
TOTAL	**71**
ENGAJAMENTO	**132**

Impressão   Sermograf Artes Gráficas
e Editora Ltda.
Rua São Sebastião, 199
Petrópolis, RJ